사주로 못 풀어 낼 인생고민은 없다

돈, 섹스, 인연이 고민인 그대에게

사주로 못 풀어 낼 인생고민은 없다

김희숙 지음

RITEC CONTENTS

/목차/

타고난 명이란 삶의 과정이다. 생각이 행동을 낳고, 행동이 습관을 낳고, 습관이 운명을 낳는다는 말이 있다. 운명은 사주팔자라는 운명지도로 해석해 볼 수 있다. 자신이 무엇을 하고, 어떻게 살아왔는지 관찰하며 여러 사건을 다른 시각으로 살피는 것이 인생의 해석이다. 해석방식을 바꾸면 다른 삶의 행운을 열 수 있다.

십여 년 전 스승님에게 명리학을 배울 때 내 사주팔자를 들여다보았다. 처음 내 사주를 하나하나 배워나갈 때는 신기하기도 했고, 절망하기도 했다. 사주팔자에 나만의 인생지도가 존재한다는 사실에 놀랐었고, 그 지도를 따라 내 욕망이 일어나고 있었다는 사실이 무섭기도 했었다.

자고로 지도는 길을 안내한다. 운명지도는 인생설계도이다. 완성된 지도가 아니다. 내 운명지도에는 어떤 길이 어디로 뻗어 있는지, 가다 보니 어디가 막혔는지, 어디로 가는 길이 빠른지 가끔 들여다봐야 한다. 설계도는 언제든지 변경이 가능하다. 운명설계도 변경은 곧 운명지도 변경이다.

기본 공부가 끝난 후 사람의 운명을 상담하는 일을 시작했다. 스승님께서는 이론을 익혔으니 실전에서 배워야 한다며 강력하게 개업으로 이끄셨다. 운명상담 업을 시작하니 책임감과 부족함을 느껴 한시도 책을 손에서 놓을 수 없었다.

배우고 또 배웠다. 처음 삼 년은 일절 바깥출입을 삼가고 기본적인 일상 외에는 독서에 몰두했다. 왜 나를 찾아왔는지, 하는 일이 무엇인지, 결혼은 했는지, 지금 고민이 무엇인지 손님들이 말하기 전에 먼저 내가 말해야 신뢰가 생겼다. 손님들의 일을 잘 예견했을 때 비로소 나의 공감과 위로와 조언에 힘이 실렸다. 그때의 공부는 상담하면서 손님의 고민을 잘 알아맞히기 위한 공부였다.

정기적으로 산과 들을 찾아다녔다. 사람들의 쏟아놓는 말 독(毒)을 풀기 위한 시간이었다. 갖가지 고민과 슬픔, 아픔을 고스란히 받아내는 상담을 계속하기 위해서는 나도 내 안의 부정적인 감정을 내려놓아야 했다. 그렇지 않으면 내 몸 안에 쌓여 나를 옥죌 것 같았다. 그래서 자연을 찾아 떠나곤 했다.

자연 속에서 나에 대해 생각하는 시간을 가질 수 있었다. 나는 내가 해오던 공부가 단지 상담을 위한 공부라고 생각했는데, 결과적으로는 두 딸을 잘 키워냈고, 내 운명지도를 알게 되어 조금은 덜 헤매는 삶을 살게 되었다. 남을 위한 공부가 결국은 나를 살리는 공부였다.

사주팔자에서 내 일주 계유(癸酉)를 자연으로 비유해 보면, 바위 아래 샘솟는 옹달샘으로 볼 수 있다. 석간수(石間水)이고 부처님 손 안의 정화수(井華水)이다. 내 사주팔자를 한 폭의 풍경화로 그려보면 이른 봄 새벽의 울창한 숲속 옹달샘에서 솟아나는 물이다.

옹달샘 물도 계속 채워져야 떠낼 수 있다. 채우지 못하고 떠내기만 하면 금세 바닥에 모래가 보이고 서걱서걱 먼지가 일어난다. 먼지가 일어난 물은 흙탕물이다. 정화수로 쓸 수가 없다.

흙탕물이 아닌 정화수의 삶을 살고 싶다. 공부의 기준을 내면으로 가져와 나를 채우는 공부도 해 본다. 훌륭한 분들의 강연을 듣고 책을 읽으며 삶을 돌아보고 반성한다. 그리고 실천해 본다. 내 안에 맑은 샘이 유지되도록 채워본다. 그 물을 찾는 사람들이 잠시나마 목을 축이며 쉴 수 있도록 자리를 펼치려 한다.

이제 사주는 내 직업이 되었다. 아들의 군대 문제, 고1 딸의 학업 문제, 사랑하는 사람과의 다툼, 경제적 어려움, 답답함에 겹친 마음의 병 등. 누군가에겐 어깨 위 먼지 같은 사소한 일들이 누군가에겐 등에 짊어진 바윗덩이 같이 느껴질 때가 있다. 나는 그들의 이야기를 들어주고 같이 삶의 지혜를 찾아 보는 일을 하게 된 것이다. 평범한 사람들의 이야기에 귀 기울여주는 일, 그들의 친구가 되고 멘토가 되는 일이 내 직업이 되었다.

후미진 뒷골목 오피스텔에서 사람들의 내밀한 이야기를 듣고 감정을 나눈다. 얼굴 맞대고 앉아 눈물을 닦아주고, 구체적인 해결 방안을 알려준다. 미신이라 터부시하고 사람을 속인다며 편견을 갖고 무시하여도 누군가는 이 일을 해야 한다고 생각한다. 나를 찾아오는 한 사람 한 사람에게 작은 도움이라도 될 수 있다면 내가 하는 일도 의미가 있을 것이다.

나는 여전히 상담을 위한 공부에 매달리고 있다. 사람들에 대한 소중한 마음이 나를 공부에 더욱 매진하게 한다. 이 또한 내 팔자인가 보다. 운명지도가 알려주는 내 소명이기도 하다.

지도는 가르침이다. 삶의 방향이나 목적을 인도해 준다. 운명상담을 하면서 많은 사람들이 나의 상담에서 도움을 받고 자신의 삶을 긍정적으로 바꿔 가는 모습을 보며 이런 이야기들을 더 많은 사람과 나누면 어떨까 생각하였다. 그 방법 중 하나로 책 쓰기를 떠올렸다.

운명상담 현장에서 직접적으로 부딪히는 삶의 문제들을 명리학적 시선으로 풀어보고, 또다시 그 문제에 맞는 책을 권해 줌으로써 독자가 현명하게 삶의 문제를 해결하는 데 도움을 주고자 한다.

삶의 많은 어려움에 부딪힌 사람들이 내 책을 펼쳤을 때 작은 힌트라도 얻기를 바란다. 더불어 인생을 먼저 겪어낸 사람들의 지혜가 모인 책을 통해 운명지도를 읽어가는 지름길이 보이기를 바라는 마음에 이 책을 썼다.

사주인문학자 김희숙

| 1 장 |

돈과
흔들리지 않는
인연 만들기
; 재물운

가난한 사람이 암탉 한 마리를 먹는다면
그가 병에 걸렸거나
아니면 암탉이 병에 걸린 경우 중 하나다.

인간에게 필요한 것은 의식주와 돈이다.

돈이 없으면 감각이 제대로 작동하지 않는다.

사람을 상처 입히는 것은 세 가지가 있는데
번민, 말다툼, 텅 빈 지갑이 그것이다.
그 중에서도 텅 빈 지갑이
가장 크게 상처 입힌다.

몸은 마음에 의존하고, 마음은 돈에 의존한다.

#1

삶의 갈림길에서 방황할 때

◇◇◇◇◇◇◇◇◇◇◇◇◇◇

무덥던 여름이었다. 모녀가 상담 왔었다. 들어보니 딸이 4년간 근무하던 미용학원 일을 접고 친구랑 새로운 일을 시작하겠다고 한다. 어머니는 딸이 안정된 직장생활을 하며 노력한 만큼 성공하길 바라는 마음을 괜한 타박으로 대신했다. 그런데 어머님의 말씀을 잠자코 듣고 있던 딸 P가 눈물을 보이기 시작했다. 내 말에 위로를 얻어서일까, 아니면 자신의 지난 4년을 돌아보면서 느낀 감정일까. 중요한 것은 P의 인생이자 P의 고민이지 어머니의 고민이 아니다.

상담자 딸이 새로운 일을 하려고 하는데 잘 되려는지 봐주세요.

선생님 뭘 하시려고요?

상담자 딸 친구가 하는 네일샵에서 속눈썹 붙이는 일을 해 보려고 해요. 월세만 절반 내주면 샵 한쪽을 사용하게 해 준다고, 같이 해 보자고 하네요.

상담자 딸이 지난 4년 동안 미용학원 강사를 해 왔어요. 정말 열심히 했는데 이렇게 그만두니 딸의 인생이 실패한 것 같네요.

선생님 네? 인생의 실패라니요? 이제 겨우 스물여섯의 딸에게 엄마가 할 소리는 아닌 것 같습니다. 그 나이는 아직 사회에 첫발조차 내딛지 않은 청춘들이 더 많아요. 무슨 그런 말을 하세요?

상담자 그렇게 열심히 하더니 끝이 안 좋으니 하는 소리죠.

선생님 끝이 안 좋다니요? 직장 다니다가 그만두면 모두 인생이 실패한 것이고, 끝이 안 좋은 건가요? 옆에 따님이 앉아 계시는데도 표현이 너무 심하시네요. 아직 진로 결정을 못 하거나, 학업 중이어서 사회에 첫발을 내딛지 못한 사람들이 많은데요. 따님은 다행히 자신에게 맞는 일을 찾아 4년이나 열심히 할 수 있어서 얼마나 감사합니까? 사람이 여러 사정으로 직장을 그만 둘 수도 있고 시작한 사업을 접을 수도 있는 것 아닙니까? 그럼, 어머니는 딸이 미용학원 강사로 평생 일하리라 생각하셨나요?

상담자 아니, 잘 돼서 그만둔 것도 아니고, 그렇게 열심히 하더니 이제는 그 일을 다시는 하기 싫다며 넌더리를 내니까 하는 말이죠. 그리고 스물여섯은 나이를 먹을 만큼 먹은 것 아닌가요? 제대로 된 일자리도 없이 직장을 그만두니까 답답해서 하는 소리예요.

선생님 딸이 이제 겨우 스물여섯 살인데 얼마나 안정된 삶을 살아 주리라 생각하셨나요? 어머니는 그 나이에 안정된 삶을 꾸리셨나요? 같은 또래 중에는 정확한 진로조차 잡지 못한 사람들이 더 많습니다. 어쩌면 당연하고요. 그동안 어린 나이지만 자신의 기술을 가지고 한 직장에 4년이나 다녔다는 것이 오히려 기특한 일이라 저는 생각합니다. 사람이 일을 하다 보면 아무리 자신이 좋아서 하는 일이라도 갈등할 때가 있고, 하기 싫을 때도 있는 것이 당연한 것 아닐까요? 따님이 돈 버는 기계는 아니잖아요. 사람은 감성이 있고 건강이라는 것도 있고 기분에 따라, 몸의 컨디션에 따라 마음이 변할 수 있어요. 정말로 좋아하던 일이 싫어지기도 하고, 전혀 관심이 없고 싫어하던 것을 어느 순간 하고 싶고 좋아하게 되기도 합니다. 좋아하는 것은 변하기도 하고요. 그러나 잘하는 것은 하다 보면 즐거워집니다. 딸이 직장 그만두고 쉬는 동안 이런 식으로 말해 오셨나요? 제가 딸 입장이었다면 정말 엄마가 싫을 것 같습니다.

상담자 그랬죠. 기껏 해 오던 일을 별다른 이유도 없이 그만두었으니 인생이 실패한 것 같아서 딸에게 그렇게 말해왔어요. 정신 차리라고.

선생님 너무 하십니다. 월급 받으면서 직장 다녀야 성공한 인생이고, 직장 그만두면 실패한 인생이라는 그 말은 제가 듣기에도 참 아프고 매몰찹니다. 따님의 가슴에 상처가 되는 말입니다. 보셔요. 지금 딸이 우리 대화를 들으며 곁에서 울고 있잖아요. 그런 아픈 말은 안 하시면 좋겠습니다. 다니던 직장 그만두었다고 엄마가 딸에게 인생 실패라는 단어와 끝이 안 좋다는 말을 사용하는 모습이 가슴 아프네요.

상담자 나이 스물여섯이 뭐가 적은가요? 당연히 제 앞가림은 해야 하는 나이죠.

선생님 물론 생각하기에 따라 적은 나이는 아닐 수 있죠. 그러나 성공과 실패를 이야기하기에는 너무 어린 나이에요. 이제부터 시작해도 충분한 나이란 말입니다. 우리나라에, 아니 세계적으로 스물여섯에 제 인생 앞길을 열어 제대로 걸어가고 있는 사람이 몇이나 될까요? 설

령 제 앞길을 열어서 가고 있다고 해도 그 삶이 계속 평탄한 길이라는 보장이 어디 있습니까? 어머니는 살아오시면서 인생에 전진만 있던가요?

오히려 옛 현자들은 '소년등과 일불행(少年登科 一不幸)'이라 하면서 어린 나이에 성공하는 것을 경계하였습니다. 인생길에는 직선도 있고 곡선도 있다는 것을 어머니도 아시잖아요. 지난 온 어머니의 삶은 얼마나 당당하셨습니까? 왜 딸에게 전진만 하는 직선적 삶을 강요하나요? 4년 동안 열심히 한길로 노력해 봤으니 잠시 쉬기도 하면서, 지금 가는 길이 정말 행복한 길인가 생각도 해 보고, 다른 길은 없나 둘러도 보는 기회로 삼으면 좋지 않을까요?

선생님-딸 P씨에게 친구의 네일샵에서 속눈썹 붙이는 일은 잠시 휴식의 시간과 다른 일을 찾기 위해 거쳐 가는 다리 같습니다. 어머니의 바람처럼 대박 나는 일은 아닌 것 같으니 편한 마음으로 시작하세요. 다음을 준비하는 연습기간이라 생각하시면 좋을 것 같습니다. 그리고 가까운 곳이라도 여행을 다녀오세요. 지난 4년을 돌아보고 몸과 마음을 쉬어주면서 다시 미래를 준비하시기 바랍니다.

엄마의 재촉에 너무 흔들리지 마세요. 자동차를 운전하다 보면 뒤에서 빨리 가라고 빵빵거리는 운전자들이 있어요. 그 소리에 당황해서 급하게 운전하면 사고가 나죠. 내가 안전이 확보되었을 때만 앞으로 나아가는 겁니다. 앞으로 빨리 가다 사고가 날 것 같으면 당당하게 천천히 가야 해요. 빠르게 가다가 사고가 나도 빵빵거리던 운전자는 책임져 주지 않아요. 뒤에서 재촉해서 빨리 가려다가 사고가 났다고 변명해도 안 통하죠. 자신의 자동차는 자신이 확신이 설 때에만 운전하는 겁니다. 자신의 인생을 운전하는 주인이 본인이라는 사실을 잊으면 안 돼요. 남들이 빨리 간다고, 빨리 가라 한다고 무작정 달려가면 안 되고요. 사람마다 자신만의 속도가 있는 겁니다. 자신의 인생 속도를 찾기 바라요. 제가 보기에 지난 4년 동안 어린 나이지만 열정을 다해 일을 하신 걸 보니 무슨 일이든지 다시 시작하셔도 성실히 잘 할 것 같네요. 그 직장과 인연이 다했다 생각하고 시원하게 털어버리세요. 앞으로 운이 나쁘지 않으니 좀 천천히 생각해서 시작해도 좋을 것 같으니까요.

어머님과 상담하는 내내 곁에서 울던 P야.

너의 눈물에 마음이 많이 아팠단다. 스물여섯. 4년째 미용강사 일을 했다니 시작은 스물두 살이었겠네. 많은 친구들이 대학 안에서, 아니면 휴학 등으로 삶의 길을 방황할 때 자신의 길을 찾아내 4년이나 열심히 했다니 훌륭하구나. 그러나 그 길을 그만두었다고 해서 어머니 말씀처럼 인생이 실패한 것은 아니란다.

너의 사주를 보면 하늘의 태양을 나타내는 병화(丙火)로 태어났구나. 태어난 달이 겨울이지. 겨울의 태양은 존재만으로도 세상에 빛과 따뜻함을 준단다. 그래서 너에게서는 따뜻한 기운이 느껴지는구나.

사주에서 너를 나타내는 태양 옆에는 총명, 예술적 재능, 제자를 길러내고 가르치는 재능, 남을 돌보는 재능 등의 기운들이 잘 되어 있어, 이를 '식상'이라고 부른단다.

식상이 잘 되어 있는 사주는 현대에서 직업을 가지고 돈을 버는 데 유리해. 재능이 많기 때문이지. 우리가 살면서 손에 넣게 되는 재물이 일의 결과라면 식상은 결과를 이끌어내는 재능, 기술, 노하우 같은 것들이란다.

너의 사주는 식상 그릇이 잘 되어 있으나 직장 그릇이 약한 것이 약점이지. 어쩔 수 없이 직장변동은 있을 수밖에 없구나. 그렇다면 앞으로 직장보다는 직업을 가지려 노력해야 한단다. 자신만의 직업이 있으면 직장은 운에 따라 변동이 되더라도 삶의 흔들림이 적겠지. 네가 그동안 노력을 하지 않아서가 아니야.

하완 작가는 〈하마터면 열심히 살 뻔했다〉에서 "열심히 노력했다고 보상받는 것은 아니다. 그리고 열심히 안 했다고 아무런 보상이 없는 것도 아니다."[1]라며 위로를 해 주는구나.

네 엄마가 괴로운 이유는 딸의 노력이 물거품이 된 것 같아서 속상하신 거야. 너의 마음을 몰라서가 아니야. 부모는 자녀의 안정적인 생활을 원한단다. 불안한 세대를 살아오신 많은 부모들은 삶의 기준을 '안정'에 두고 있거든.

고미숙 고전평론가는 〈조선에서 백수로 살기〉라는 책에서 불안한 부모들의 심리와 젊은이들의 욕망을 정확히 말해 주고 있단다.

"대학에 가야 하는 이유도, 취업을 해야 하는 이유도 다 거기에 있다. 명문대 열풍, 전문직에 대한 집착, 공무원을 향한 열망, 이 모든 것의 원천 역시 안정이다. 청춘, 아니 인생의 목적 자체가 오직 안정, 안정뿐이라는 듯이."[2]

그런데 말이야. 애초에 삶에 '안정'이라는 것이 있기나 한 것인지 잘 모르겠다. 안정적인 삶을 위해 아무리 준비를 하고 노력을 해도 실패하기도 한단다. 하완 작가도 그랬다지.

"내가 느낀 것은 인생은 내가 생각한 대로 되지 않을 뿐더러 내가 아무리 고민해서 무언가를 선택해도 그 선택이 무의미해지는 순간들이 있다는 사실이었다. 마치 열심히 한 방향으로 노를 젓는데 커다란 파도가 몰려와 나를 다른 곳으로 데려다 놓은 기분이었다. 우리는 인생을 원하는 방향으로 끌고 갈 수 있다고 믿지만 한낱 파도에 휩쓸리는 힘없는 존재일지도 모른다."[3]

나도 온갖 인생의 풍파를 겪으면서 삶이라는 것이 내가 어쩌지 못하는 것도 있다는 것을 인정하게 되었단다. 우리가 열심히 노력하지 않아서가 아니야.

"우리가 지금 괴로운 이유는 우리의 믿음, 즉 '노력'이 우리를 자주 배신하기 때문이다. 내가 '이만큼' 노력했으니 반드시 '이만큼'의 보상이 있어야 한다는 생각이 괴로움의 시작이다. 보상은 언제나 노력한 양과 동일하게 주어지지 않는다. 노력한 것보다 작게 혹은 더 크게 주어진다. 어쩌면 아예 보상이 없을 수도 있다. 안타깝지만 사실이다. 원래 인생은 공평하지 않아. 노력으로 다 된다는 말도 거짓말이지. 알겠어? 네 노력이 부족한 탓이 아니라는 이야기야."[4]

P야. 자책 하지 마라. 어머니 말에도 상처받지 마렴. 실패는 귀중한 경험이야. 겨우 스물여섯에 첫 계단에서 넘어졌다고 끝이 아닌 거란다.

"그때 실패 그 자체를 벌줘서는 안 됩니다. 실패를 자신 탓으로 돌려서는 안 됩니다. 자신을 책망해도 아무것도 이루어지지 않습니다. 물론 나 아닌 누군가를 책망해도, 운을 탓해도 아무 소용이 없습니다. 중요한 것은 실패한 이유가 무엇인지 알아보고 다음에는 어떻게 해보자는 말을 주고받는 겁니다. 단지 그것만으로 실패는 하나의 계단이 되어 우리를 미래로 데려다 줍니다."[5]

P야. 이제부터는 무엇이 되고 싶은지를 찾지 말고 무엇을 하고 싶은지 생각해 보렴. 직업과 꿈은 전혀 다르단다. 꿈이 꼭 직업일 필요는 없단다.

"꿈이나 목표 따위는 필요 없다. 반드시 이루어야 할 사명 따위란 없다. 삶에는 본디 어떤 의미도 없다. 삶은 오직 사는 것 그 자체만이 목표다. 살다보니 돈도 벌고 만나고 헤어지고 창작도 하고 정치도 하는 것이지, 그 반대는 절대 아니다. 돈을 벌기 위해! 사랑을 위해! 예술을 위해! 그렇게 목표 지향적으로 살다보면 결론은 허무하다. 그 자체가 망상이기 때문이다."[6]

우에마쓰 쓰토무 작가는 〈꿈이 없다고 말하는 그대에게〉에서 꿈이 꼭 거대한 것이 아니라고 다음과 같이 말하는구나.

"꿈과 일은 전혀 다른 것입니다. 별개로 생각하면 명쾌해집니다. 꿈은 단순하게 좋아하는 것이며 해 보고 싶은 일입니다. 그러니 어떤 것이든 좋습니다. 몇 가지든 상관없습니다. 오늘은 카레를 먹고 싶다는 것도 멋진 꿈입니다. 한편 일이란 간단히 말해 남에게 도움이 되는 것이며, 사회에 도움이 되는 것입니다. 그러므로 어떤 일이어도 좋습니다. 몇 개가 되어도 관계없습니다. 심지어 돈이 되지 않아도 좋습니다. 세상에는 돈이 되지 않지만 해야 하는 일은 얼마든지 있으니까요. 이처럼 꿈과 일은 모두 단순한 것입니다."[7]

원하는 대로 다 되지 않는 것이 오히려 정상적인 삶이지 않을까 생각한다. 울지 마라. 이왕 다른 길을 선택했으니 이번에는 천천히 가면 어떨까? 너무 열심히 하지 말고 이번엔 좀 다르게 대충 살아보렴. 앞으로 너의 운이 너를 응원할 테니까.

#2

돈으로 묶이고 붙잡힌 인연

◇◇◇◇◇◇◇◇◇◇◇◇◇

돈 따라 들어오는 인연은 무섭다. 이 이야기를 할 때면 새로운 사업을 시작했다며 찾아온 부부가 생각난다. 작지만 월급 받아가며 고생으로 자식들을 키워낸 부부였다. 아들이 대학 입학을 앞두고 있고, 딸도 쇼핑몰 사업을 시작해 이를 지원해 주기 위해서 호프집을 시작했다. 전혀 경험이 없는 분야에 도전하였지만 시작부터 내리막이었다. 하필 돈을 빌려 시작한 것이 잘못이었다. 어찌나 사람에게 시달렸던지, 부부는 마음고생 몸고생을 두루 겪은 듯했다.

상담자 제가 계 모임을 다섯 개 들어갔어요. 모임장과 돈 빌린 사람이 같은 사람이고요. 계주언니가 제가 어려울 때 돈을 빌려주며 야금야금 계를 들게 해서 현재 7부 이자를 납입하고 있네요. 그런데 곗돈을 핑계로 저의 생활을 감시하고 종업원 부리듯이 언니네 가게 보라고 아무 때나 부릅니다. 저희 가족을 하인 부리듯 해요. 돈 빌려 쓴

죄로 지금까지 당해왔네요.

선생님 제가 예전에 경고 했잖아요. 돈에 관해서는 질이 안 좋은 분이라고.

상담자 일단은 어려웠을 때라 어쩔 수 없었어요. 그래서 이 언니 돈과 곗돈을 해결하려고 다른 계 모임을 친구에게 소개받아 다음 달부터 하기로 했어요. 그런데 계주언니가 새로 계를 하려는 계주에게 전화해서 제가 곗돈도 제대로 못 주는 불량 계원이라며 들어주지 마라 했답니다. 저에 대해 온갖 부정적인 말을 했대요. 어떻게 이럴 수가 있어요? 정말 그 언니를 어떻게 해버리고 싶은 심정이에요.

선생님 더 속상하겠네요. 그러나 이번엔 그냥 참고 넘기시면 어떨까 싶습니다. 아직 돈을 갚기에 시간이 필요하잖아요. 빌린 돈을 다 갚을 때 하고 싶은 이야기를 하시는 것이 좋겠어요.

먼 옛날 중국의 한신이라는 장수는 칼잡이로 천하제일이었지만, 때가 되지 않았다 판단하고 동네 건달들의 바짓가랑이 사이를 기어들어가는 수모를 견뎠다 하잖아요. 돈으로 만들어진 권력관계에서 빌린 돈을 갚지 못하고 자존심을 세우기엔 아직 때가 이른 것 같습니다.

상담자 그래도. 너무 화가 나서 죽겠어요. 제가 돈을 빌렸지 제 남편이 돈을 빌린 것은 아니잖아요. 왜 제 남편까지 오라 가라 하면서 하인처럼 부려먹느냐는 말이에요.

선생님 그러게요. 참으로 인성이 부족한 사람 같네요. 돈에 딸려온 인연이라서 더 그럴 수 있어요. 우리는 돈을 단순히 물건처럼 생각할 때가 많잖아요? 그런데 돈은 신기하게도 에너지를 가졌어요. 돈에는 수많은 인연들이 들러붙어 있어요. 돈은 대부분 인연과 같이 옵니다.

지금 말하고 있는 계주언니도 돈을 따라 온 인연이지요. 앞으로 가입하실 계주도 돈을 따라 온 인연일 테고요.

다만 지금 계주언니는 L씨가 앞으로 잘되기를 바라는 측은지심을 가지고 있지만, 새롭게 만나게 될 계주는 그저 돈 때문에 오는 인연이니 더 나쁠 수도 있어요. 2020년에는 한방 크게 뒤통수 맞을 수 있는 운이 기다리고 있습니다. 지금부터 인연관리를 하셔야 해요. 돈과 인연관리를 미리미리 해 두면 그런 일이 가벼운 접촉사고 정도처럼 지나갈 수 있지만, 무리해서 큰돈을 바라고 일을 벌여 놓으면 정말 큰 사고로 이어질 수 있어요. 새로 시작하는 계주를 너무 믿지 마시고 돈을 관리하는 방법을 바꿔보면 어떨까요?

상담자 이자도 싸고 그 주변에서는 제법 크게 운영하는 계주라 하던데요.

선생님 사람에게는 운이라는 것이 있습니다. 지금은 그 분이 잘 풀리는 운에 계시더라도 사람이 어느 한 곳에서 막히기 시작하면서 감당이 안 될 때도 있지요. 그래서 부도가 나고 계가 깨지고 빚에 못 이겨 일들이 벌어지는 거고요. 그리고 20여 년 동안 돈 관리를 곗돈 위주로 해오셨는데 남는 것이 빚뿐이라면 이제는 삶의 방법을 달리 해 보는 것도 좋을 것 같아요.

상담자 지금까지는 먼저 갚아야 할 돈들이 있으니 목돈으로 계를 타서 해결해왔어요.

선생님 지금부터 돈이 나가는 곳에 대해 고민해 보길 권합니다. 남편의 월급 한도 내에서 생활하도록 관리하고 본인이 버는 돈은 모을 수 있도록 해야 해요. 돈이 나가야 할 출구만 자꾸 늘리고 들어오는 입구는 좁으니 계속 이런 생활이 반복되잖아요.

상담자 그런 생각은 못해 봤어요. 우선 돈을 갚고 곗돈을 내야 하니까요.

선생님 나중 일을 대비한다는 명목으로 곗돈 넣으려고 빚내고 보험료 내려고 대출 받으시는 건 좋지 않습니다. 미래 자산만 생각하면서 현재의 삶을 갉아먹는 것 같아요. 남편과 함께 돈의 출구를 줄일 고민부터 해 보세요.

상담자 돈에 따라 붙는 인연이라는 말이 무서우면서 실감이 나네요. 새로 시작하는 계는 두 개만 하고 돈 관리를 다르게 해 봐야겠습니다.

◆ 운명을 살리는 사주 편지 ◆

L씨에게.

요즘 많이 힘드시죠? 매일 빚 독촉에 협박까지. 아침에 눈을 뜨는 것이 두렵다 하셨죠. 얼마나 힘이 들면 그런 생각까지 할까 싶어 가슴이 아프네요.

L씨의 사주와 운을 살펴보면 2016년에 시작한 장사가 불화의 원인입니다. 2016년은 쉬는 운, 노는 운이라 하여 하던 일도 정리하고 엎드려야 하는 해였어요. 그런 운에는 안정적인 직장을 다니면서 자신의 기운을 지켜야 하죠.

또 다른 이유는 자신이 그동안 해오던 일과 전혀 관련 없는 업종을 시작하셨죠. 옷장사로 20여 년 살아올 때는 괜찮았는데, 전혀 해 보지 않던 호프집을 개업하고부터 많이 어려워 하셨잖아요.

사주에서는 사람마다 정해져 있는 선천직업을 찾을 수 있습니다. L씨의 사주에는 남에게 따뜻함을 줄 수 있는 옷이나 가구, 서점 등 나무와 관련된 일이 선천직업으로 나와 있어요. 선천직업인 옷에 관한 일을 할 때는 큰 어려움 없이 지냈던 이유죠.

시기에 따른 운도 부족했고 해 보지 않던 업종에 무리한 투자를 했으니 금전운이 자연히 어려워졌어요. L씨의 인생만 걸려 있는 것이 아니라 앞이 창창한 20대 딸의 장래가 같이 걸려 있으니 오죽할까요? 계 모임을 너무 믿으신 겁니다.

김승호 회장은 〈생각의 비밀: 김밥 파는 CEO, 부자의 탄생을 말하다〉에서 누군가 내게 이득을 주겠다고 하면 경계하라고 다음과 같이 말합니다.

"세상엔 돈을 벌어주겠다고 선심을 부리는 사람이 의외로 많다. 도대체 돈을 얼마나 벌었으면 그 자비심이 천하를 덮어 그 비결을 팔아먹는 것으로 만족하려는 것일까? 온 인류를 내 자식처럼 생각하는 하나님이 아니라면, 길 가는 사람을 붙들고 그와 같은 고차원의 은총을 나누어 줄 리가 없다. 자신에게 아무런 이득 없이 당신에게 돈을 벌게 해 주는 사람은 이 세상에 아무도 없음을 항상 상기해야 한다. 인간이란 남의 이익보다 자신의 이익을 먼저 추구하며 산다. 그를 나무라지도 못하는 것이, 그 어느 누구도 자신의 아내나 자녀를 당신만큼 보살필 사람이 이 세상에 없기 때문이다. 그것이 비록 형제나 부모일지라도…"[8]

돈은 그냥 물건이 아네요. 돈에는 에너지가 있죠. 돈이 흐르는 곳에 인연도 같이 따라 다닙니다. 연암 박지원의 〈열하일기〉 중에서 '황금대기'에 나오는 이야기예요.

"도적놈 셋이 함께 무덤 하나를 도굴하여 금을 얻었다. 저희들끼리 '오늘은 몹시 피곤하군. 금도 많이 얻었으니, 어찌 술 한 잔 안 걸칠 수 있겠는가?' 하니 그 중 한 명이 흔연히 일어나 술을 받으러 갔다. 길을 가면서 쾌재를 부르며, 하늘이 준 기회로다. 셋이 나누기보다는 혼자 꿀꺽하는 게 백 번 낫지' 하고는 음식에 독을 타서 가지고 돌아오니, 남아 있던 두 놈이 벌떡 일어나 술 받아 온 놈을 때려 죽였다. 그리고 술과 음식을 실컷 먹고 나서 금을 나누기로 하였는데, 얼마 있다가 그 두 놈도 무덤 옆에 죽어서 나뒹굴었다. 슬프다. 그 금은 길가에 뒹굴다가 반드시 줍는 사람이 생겼을 것이다. 금을 주워서 차지한 사람도 하늘에 대고 고맙다는 인사를 마음속으로 할 터인데, 금이 무덤에서 도굴된 것이고, 독약을 먹은 자들이 남긴 것인지는 애당초 모를 것이다. 또 앞사람을 거치고 뒷사람을 거쳐서 앞으로 황금 때문에 몇 천 명이나 더 독살될지 모를 것이다. 그런데도 천하의 사람들 중 황금을 사랑하지 않는 사람이 없음은 무슨 까닭인가?"[9]

무덤 속 황금을 캐내기 전 그 황금이 무덤에 들어가기까지의 죽음은 또 수천 명이었죠. 옛이야기니 황금으로 나오지만 현대는 돈이지 않을까요. 우리 손에 들어오는 돈이 어떤 인연을 통해 내 손까지 오게 되었을까 생각하게 되네요.

고미숙은 〈돈의 달인, 호모 코뮤니타스〉에서 돈과 인연을 다음과 같이 설명했지요.

"어느 돈이건 수많은 인연이 덕지덕지 붙어 있기 마찬가지이다. 그러나 대부분 돈과 인연이 같이 온다는 것을 보지 못한다. 돈과 돈이 만들어 내는 다양한 사건과 서사에서 소외되는 것이다. 돈의 규모로부터 소외되는 것뿐만 아니라 돈이 끌고 오는 인연에서도 소외가 발생하는 것. 그리고 내가 쓰는 돈이 적은 규모라도 엄청난 인연의 끈을 만들어 낼 수 있다는 것으로부터도!"[10]

연암 박지원은 큰돈이 갑자기 들어오는 것조차 경계하라고 하네요. 로또 당첨을 바라는 사람들에게 하는 말 같아요.

"나는 바란다. 천하의 사람들에게 황금이 있다고 반드시 기뻐할 일도 아니요. 없다고 해서 반드시 슬퍼할 일도 아니다. 이유도 없이 자기 앞에 황금이 굴러들면 천둥이 치는 것처럼 놀라고 귀신을 만나듯 무서워하며, 길을 가다가 수풀에서 뱀을 만나 머리칼이 쭈뼛 서도록 소스라쳐서 물러나듯이 해야 할 것이다."[11]

뱀을 만난 듯 놀라 물러나라고도 하네요. 갑자기 들어오는 돈조차 횡재가 아니라고 하고요. 이제부터라도 정신을 바짝 차려야 합니다. 어떻게든 그 빚의 고리를 끊어야 돈 따라 들어 온 인연도 끊어낼 수 있어요.

고미숙 저자는 또 이렇게 설명하죠.

"돈도 길을 따라 들고 나는데, 이미 빚으로 이어지는 통로가 생겨버렸기 때문이다. 그러니까 부자가 되고 싶다면 가장 먼저 이 통로를 차단해야 한다. 빚은 물론이고 빚을 지려는 마음까지도 청산해야 한다. 그렇게 되면 돈은 절로 모이게 되어 있다. 돈을 모으는 건 수입 자체가 아니라 그 수입을 어떻게 다루느냐에 달려 있기 때문이다."[12]

박노해 시인의 시입니다.
시를 읽으며 빚에 대해 다시 생각해 보세요.

〈빚지고 살지 말거라〉

돈은 늘 생각보다 늦게 들어오고
돈은 늘 생각보다 많이 들어가니
빚내서 일 벌리지 말거라

신용을 잃으면 사람도 잃고 뜻도 잃는단다
빚은 빚을 부르고 불운만 골라서 잡게 하니
어떤 경우에도 빚지고 살지 말거라
어른들 말씀이 귓가에 들리는데

할부카드 할부이자 할부구매 때문에
빚지고 살기 싫어하던 우리 오랜 정신이 망가지고
가정도 회사도 나라도 세계도 빚더미에 올라
사람도 버리고 뜻도 버리겠네

#3

재물운은 언제쯤 들어오나요?

◇◇◇◇◇◇◇◇◇◇◇◇◇◇

상담자들이 가장 많이 관심을 가지는 분야는 재물운이다. 하루에도 몇 번씩 재물운에 관한 상담이 들어온다. 삶과 돈이 얼마나 밀접한지, 돈이 뭐길래 상담자들이 창백해진 얼굴로 나를 찾아와 호소하게 되는 걸까. 이들의 사연을 들으면 안타깝다. 특히 투자에 대한 자세한 공부 없이 남들 따라 뛰어든 경우가 그렇다. 투자도 공부가 필요한데, 그걸 몰라서 어렵게 모은 돈, 빌린 돈으로 낭패를 보는 이가 많다.

1) P2P 투자

상담자 2017년에 투자회사를 통해 작지만 목돈을 투자했습니다. 1년 약정을 했는데 2018년 원금손실이 너무 커서 못 찾았어요. 2019년에는 원금이라도 회수할 수 있을까요? 현재 주식도 반 토막 난 상태거든요.

선생님 올해 재물운은 평균적이네요. 그래서 하반기에 원금회수 정도는 할 수 있을 것 같아요. 2017년 운이 투자하시기에 불리한 운이셨어요. 관재와 손재를 가져오는 운에 하는 일들은 대체로 손해로 연결되더군요. 또 투자에 대한 공부 없이 전혀 모르는 분야에 투자회사 말만 듣고 투자하신 것은 투자회사에 유리한 일이지 개인에게 유리한 일은 아닙니다. 은행이나 투자회사, 증권회사는 절대로 친절하지 않아요. 개인의 돈을 이용해 이윤을 추구하는 존재들이잖아요. 수수료라는 명목이 바로 그거예요. 때로는 수수료 때문에 원금손실이 생기는 경우가 많아요.

상담자 그랬군요. 목돈이 조금 생겨서 여윳돈을 좀 불려 볼까 했었어요. 단기간에 돈이 불릴 수 있다는 말에 수수료 생각은 가볍게 했네요. 벌써 약정한 기간보다 1년이 지나가고 손해를 보고 있으니 원금이라도 되찾고 싶은 심정이에요.

선생님 운으로 봤을 때 올해는 원금회수 정도 가능할 것 같으니 조금 더 기다려 보시면 좋겠습니다. 그동안 투자에 관련한 책들을 공부해 보길 권해드려요.

2) 아파트 청약

상담자 아내가 무리하게 우리 것과 처형네 청약통장을 이용해서 아파트 청약을 신청했어요. 그러다 덜컥 아파트에 당첨되었습니다. 지금은 제 월급으로 아이들 공부시키며 살아가고 우리가 살고 있는 아파트 대출금 상환을 해나가고 있는 중이에요. 그러다 보니 우리 아파트 대출금 이자에 당첨된 아파트 대출이자까지 버거운 상태죠. 2018년 3월부터 돈이 저를 괴롭히기 시작했습니다. 집안에 현금이 바닥이 났거든요. 설상가상으로 당첨된 아파트들이 대출규제에 걸려 팔지도 못하게 되었어요. 프리미엄이나 조금 먹고 빠지려 했던 것이 발목이 잡힌 거죠. 언제쯤 이 문제들을 해결할 수 있을까요? 매매운은 있을까요?

선생님 올해 매매운은 있습니다만 정리하는 수준일 것 같습니다. 한동안 여기저기서 아파트 당첨이 곧 로또 당첨이라는 말이 들려왔지요. 그러나 부동산 경기가 좋을 때도 미처 팔리지 않은 아파트를 고스란히 떠안아서 무척 힘들게 지내시던 분들이 있었어요. 경기 탓도 있지만 자신의 재물운과 관련이 있더군요. 자신이 공부하지 않고 남들이 하는 대로 시작하는 투자는 언제나 손실이 있었습니다. 부동산 투자는 정부정책과 인구구조에 따라 영향을 받으니 그쪽에 관심을 가지셔야 해요. 그저 남이 벌었다니까 나도 해 볼까 하고 달려들면 이런 어려움을 겪지요. 올해는 조금 풀리는 재물운이니 겨우 정리하는 수준에서 해결을 봐야 할 것 같네요.

투자 손실에 힘들어하는 K씨와 O씨에게.

K씨의 사주는 亥月(해월-양력 11월)의 己土(기토)로 태어났습니다. 己土는 밭이죠. 겨울에 태어났으니 겨울의 얼어 있는 밭입니다. 겨울 밭에는 생명을 키워낼 수가 없어요. 따뜻한 햇볕 丙火(병화)가 절실히 필요하죠.

흙은 단단해야 물을 가둘 수 있는데 흙이 단단해지려면 역시 따뜻한 햇볕이 필요합니다. 己土에서 水(물)는 재물을 뜻하죠. 2019년 己亥(기해)년에 다시 큰 물(亥水)이 들어와요. 얼어 있는 밭에 홍수까지 났으니 전부 물에 휩쓸려가는 모습입니다.

재물운이 들어오는 해가 아니라 재물이 휩쓸려나가는 운이에요. 손해 보는 운이죠. K씨에게는 투자에 불리한 운입니다. 2022년부터 좋은 운이 옵니다.

O씨의 사주를 보면 卯月(묘월-양력 3월)에 태어난 辛金(신금)입니다. 봄에 태어나 반짝이는 보석이죠. 예리한 기운을 가지고 있어요. 辛金에게 木(목)은 재물과 여성을 뜻합니다.

사주에 木기운이 강합니다. 강한 나무기운 때문에 보석(辛金)에

흠집이 생겼어요. 돈을 좇으면 안 되는 사주죠. 이성 관계로 인한 재물 손실을 조심해야 해요.

타고난 사주의 모습을 미리 알고 지키면 큰 어려움 없이 살아갑니다. 때로는 순응하는 것도 현명한 선택이니까요.

사람들은 부자가 되고 싶어 하고 풍부한 자산을 원하죠.

로버트 기요사키는 〈부자 아빠 가난한 아빠〉에서 부자가 되려면 실패를 두려워하지 말아야 한다고 합니다.

"나는 골프공을 한 번도 잃지 않은 골프 선수를 본 적이 없다. 또 실연을 한 번도 하지 않고 사랑에 빠진 사람을 본 적도 없다. 그리고 돈을 한 번도 잃지 않고 부자가 된 사람을 본 적도 없다. 대부분의 사람들이 돈 문제에서 이기지 못하는 이유는 돈을 잃는 고통이 부자가 되는 기쁨보다 훨씬 더 크기 때문이다. 사람들은 부자가 되는 꿈을 꾸지만 돈을 잃는 것을 더 무서워한다."[13]

하지만 금융지식을 갖춘 후에도 풍요로운 자산을 확보하지 못하는 경우가 더 많아요. 미국의 마이크 밀켄(Michael Milken)이라는 사람은 주식과 채권투자에 '타고났다'는 평가를 받으며 일찍부터 업계에서 인정을 받았죠. 펜실베이니아대학 경영대학원 와튼 스쿨을 졸업한 수재였습니다. 어느 날, 그는 투자에 관한 자신만의 비법을 정립하게 되었죠.

밀켄의 투자 성공 비법은 바로 '내부자 정보 거래'였어요. 승승장구하던 밀켄은 1990년 내부자 거래 혐의로 엄청난 벌금과 10년의 징역형을 받았죠. 사람들은 궁금해 했습니다. 그렇게 똑똑하고 성격 좋고 능력 많던 마이크 밀켄이 왜 내부자 정보에 집중했는지 말입니다. 결국은 내부자 정보를 통한 매매 외에는 시장에서 '완전한 승리'를 거두는 방법은 없다는 것이 사실인거죠.

정철진 기자는 〈자본에 관한 불편한 진실〉에서 보이지 않는 경제흐름을 알려줘요.

"현대 사회를 살아가는 사람들은 대부분 숨 가쁘게 돌아가는 경제 환경 속에 놓여 있다. 경제 상황을 살펴보는 것은 자연스러운 일이며, 이때의 통찰을 바탕으로 행동에 나선다. 주식이나 채권을 사고, 부동산에 투자 하고, 금을 사 모은다. 또는 저축이나 절약을 한다. 경제의 흐름을 파악한 후 미래에 대비하는 당연한 과정이라 할 수 있다. 그런데 이런 통찰을 할 때는 반드시 한 가지 중요한 변수를 염두에 두고 있어야 한다. 그것은 바로 설계자의 존재다. 누군가, 우리의 눈에 띄지 않는 어떤 세력이 자기 뜻대로 경제 흐름을 만들어 간다는 사실을 잊으면 안 된다."[14]

우리 인생처럼 경제에도 주기(cycle)를 갖는다고 해요. 이 주기를 읽어내는 능력을 '경제 통찰력'이라 하죠.

"가령, 지금 아파트 구입을 고민하는 사람은 먼저 향후 부동산 시장의 움직임을 통찰해 봐야 한다. 다양한 논거와 분석 자료가 필요할 것이다. 주택 공급과 수용 예측, 대한민국 인구구조의 변화, 현 주택 가격의 적정성, 본인의 소득 현황 등등을 하나씩 따져 봐야 한다. 하지만 이보다 앞서야 하는 건 '울트라 버블과 슈퍼 공황'식의 주기에 대한 통찰이다. 즉, 과연 지금이 진정한 부동산 시장의 바닥(저점)인지를 체크해야 한다는 이야기이다."[15]

경제 통찰력을 갖기 위해선 정확한 금융지식뿐만 아니라 자신의 욕망을 다스리는 힘이 있어야 해요. 금융지식을 쌓는 데 도움이 되는 책 중에 한국은행에서 발간한 〈일반인을 위한 한국은행의 알기 쉬운 경제이야기〉가 있습니다.

"저축은 경제 활동으로 얻은 소득 중에서 생활에 필요한 만큼 소비하고 미래 지출에 대비하여 남겨 놓은 부분을 말합니다. 가정 경제에서 이러한 저축은 예금, 적금, 증권 등 각종 금융자산과 부동산 등 실물자산 형태로 남게 됩니다. 투자가 자산 고유의 수익 외에 자산 가격의 상승으로 발생하는 정상적 매매차익을 얻으려는 목적으로 하는 것이라면, 투기는 우연히 단기간에 생기는 가격 변동을 이용하여 큰 이익을 얻을 목적으로 매매하는 것을 말합니다. 투기는 주식투기와 부동산 투기 등의 다양한 형태가 있습니다."[16]

자신의 운명을 스스로 통제하는 것과 남에게 맡기는 것의 차이는 자신의 욕망을 어떻게 사용하느냐와 세상을 얼마나 읽어내느냐의 통찰력에서 생기죠. 투자와 투기의 차이 또한 마찬가지입니다. 욕망을 되돌아보면서 자본의 속임수에서 벗어나길 빕니다.

#4

제게 맞는 직업운을 알려주세요

◇◇◇◇◇◇◇◇◇◇◇◇◇◇

요즘은 20, 30대 청년뿐만 아니라 전 세대가 자신의 직장과 직업을 찾는다. 남녀노소 할 것 없이 '제가 뭘 하면 좋을까요'하는 질문을 많이 던진다. 상담을 해 보면, 사람들은 돈을 많이 벌 수 있고 안정적인 직업을 원하면서도 재미있게 일하고 싶어 한다. 그런데 직업을 정하기 위해서는 미래만을 위해 달리는 것이 아니라, 지금 자신을 바라보는 것이 더욱 중요하다. 20대 청년과 나눈 이야기를 한 가지 소개하겠다.

상담자 조리사 자격증이 있습니다. 잠시 대학가 근처에서 장사도 해 봤죠. 친구와 함께 시작했는데 잘 안 돼서 몇 달 만에 접었습니다. 그 뒤에 여기저기 아는 분들 소개로 일하러 다녀봤는데 그리 오랫동안 하지 못했어요. 지방대 출신이라 스펙도 없고 겨우 조리사 자격증만 가지고 있는데 요리 쪽 일은 하고 싶지 않네요. 제게 맞는 직업은 뭘까요?

선생님 조리사 자격증을 딸 때는 그쪽에 관심이 있어서 땄을 텐데 왜 그쪽 일은 싫은가요?

상담자 처음 배울 때는 '쉐프'라는 직업이 멋있어 보였고 취업도 잘 될 것 같아서 시작했습니다. 그런데 제가 그렇게 섬세한 사람이 아니더라고요. 음식을 만드는 일이 즐겁지 않았어요.

선생님 음식을 만든다는 것은 내가 먹든, 타인이 먹든 먹는 사람이 존재하죠. 내가 만든 음식을 누군가가 맛있게 먹어주는 모습에서 행복과 즐거움을 느껴야 진정한 요리사라고 저는 생각해요. 그럼, 어떤 일을 하고 싶으세요?

상담자 딱히 이제는 하고 싶은 일이 없습니다. 다만 몇 달 동안 부모님 눈치 보며 놀고 있다가 이래선 안 되겠다 싶어서 여기저기 이력서를 넣어 봤는데 면접조차 보러 오라는 곳이 없어요. 자신감만 떨어지네요.

선생님 제가 공부하는 명리학에 선천적 직업적성이 있기는 합니다. 그러나 누구는 의사, 누구는 공무원, 누구는 선생님 이런 식으로 특정 직업이 딱 맞게 나타나는 경우는 20~30프로 정도라고 봐요.

다만 명리학에 나타난 선천직업적성은 어떤 분야에서 일해야 이 사람의 직업 만족도가 더 높을지 알려줄 뿐이에요. 본인이 좋아하는 일을 알려주는 것이 아니고 잘할 수 있는 일을 알려주는 거죠. 세상에 직업이 얼마나 많은데 명리학의 선천직업적성이 직업을 딱딱 찍어줄 수는 없습니다. 딱 찍어 줄 정도의 사주팔자는 이미 그 길을 가고 있는 거죠.

옛날엔 병을 고치는 사람은 '의원'으로 계급상 중간에 위치했습니다. 현대에는 상류계급이고요. 그런데 인공지능이 지금보다 더 발달하면 '의사'라는 직업도 전망이 불투명해진다고 해요. 또 어느 신문에서 읽었는데 회사가 하나 생기고 사라지는 기간이 평균 20년이라더군요. 어차피 평생을 바칠 수 있는 직장도 없다는 말이에요. 그동안 부모님들은 자녀를 키우면서 자녀들의 삶과 행복이 '직업과 직장'에 달려 있다고 믿었습니다. 자녀들의 미래를 계획하면서 모든 것을 직업과 직장에 연결해 왔던 거죠. 자녀들에게 직업, 직장 = 돈 = 행복 이라는 공식만 가르쳤어요. 그런데 직장이 있고 직업이 있는 사람들이 모두 행복한 삶을 살고 있을까요?

요즘 사회로 나오는 청년들은 직업, 직장 = 재미 = 돈 = 성공 을 바랍니다. 조건이 하나 더 늘었어요. 정작 자신이 하고 싶은 것이 뭔지, 잘 하는 것이 뭔지 알아보기보다는 돈 되고 폼 나고 안정된 곳을 찾는 경향이 강해요. 자기 자신에 대해 잘 모르는 상태에서 직업과 직장을 찾고요. 돈을 많이 준다니까 대기업으로 가려고 하고, 안정적이라니까 너도나도 공무원이 되려고 하죠.

상담자 저도 공무원 공부 2년 했어요. 두 번 떨어지고 포기했습니다. 제가 공부스타일은 아니었거든요. 공무원에 떨어져 포기하고 나니 더 앞이 막막해졌고요.

선생님 사주선천적성에는 기술직은 맞는데 요리는 아니네요. 좀 더 센 기술. 예를 들어 기계, 금속, 전기, 장비 같은 기술이 적합하다고 보여요. 활동적이면서 그 기술을 이용한 독립된 형태의 직업이 어울립니다. 나중에 사업성으로 나갈 수 있어야 해요. 한마디로 단체와 조직에 몸담는 직장생활보다는 자신의 일을 자유롭게 하는 직업이 어울리네요.

상담자 저도 한 곳에 메여서 하는 일은 힘들어요. 그래서 저는 제게 맞는 일이 영업직은 아닐까 생각하고 있고요.

선생님 아니요. 움직이는 직업이긴 하지만 영업직을 하게 되면 자존심이 강한 분이라 힘들 것 같아요. 요즘 국비 직업훈련원이 많으니 기술 자격증을 가져보기를 권합니다.

상담자 그렇잖아도 친구가 트레일러 운전하는 데 같이 하자고 했어요.

선생님 좋네요. 이번 기회에 자격증을 따 보세요.

상담자 제가 잘 할 수 있을까요?

선생님 사람들은 자신이 좋아하는 것을 잘 알고 있다고 착각하는 경우가 많아요. 사실은 잘 모르는 경우가 더 많은데. 좋아하는 것은 얼마든지 변하거든요.

자신의 장점과 강점을 알려고 노력해야 해요. 심리검사나 적성검사, 사주팔자에 있는 선천직업적성을 보고 조언하는 직업은 참고 자료로만 사용하세요.

저는 자신이 진짜로 좋아하는 것을 찾기 위해서는 일단 무슨 일이든 해 봐야 한다고 생각합니다. 또 자신이 좋아하는 것이 꼭 하나가 아닐 수도 있어요. 경험해 봐야 알 수 있죠. 요리도 배울 때는 좋아하는 일 같았지만 직접 그 일을 해 보니 자신과 맞지 않는다는 것을 알았잖아요. 이것저것 해 보다 보면 자신이 즐거워하는 것을 알게 될 거예요.

그리고 20대는 이것저것 해 볼 자격이 있습니다. 20대에 자신이 진정으로 좋아하는 것을 찾는 경우는 드물어요. 20대는 앞으로 어른으로 살아가기 위해 자신에 대해 알아가는 시간이죠. 벌써 찾았을 수도 있지만 대부분은 찾기 위해 경험해보는 시간인 거예요. 다른 사람들 눈치 보지 말고 일단 도전해 보세요.

제가 보기에 앞으로 나아가는 운이 좋습니다. 지금 당장 다른 사람에 비해 이룬 것이 없다고 해서 계속 그러리라는 실망은 금물이에요.

상담자 선생님과 상담하다보니 왠지 제 앞길이 그렇게 어둡지 만은 않은 거 같네요. 그동안 자신감이 떨어져 막막하고 깜깜했는데 빛이 보이는 것 같습니다. 얼른 도전해 보고 싶어졌어요.

직업을 찾고 있는 L군에게.

L군의 사주를 보면 직업을 나타내는 자리에 '역마'라는 움직임과 기술을 갖는 '식상'이 같이 있어요. 오행의 기운으로는 金(금)입니다. 직업으로 연결시키면 자동차, 기계, 금속, 장비 등을 나타내죠. 선천적성에 나타나 있는 직업을 갖게 되면 자연스럽고 지속적으로 할 수 있어요.

사주를 풀 때 자신이 태어난 해, 월, 일, 시의 네 개의 기둥을 살피는 것을 기본으로 선천운인 대운을 살피죠. 대운은 일을 이루어 갈 수 있는 환경이에요. 지금 L군의 대운이 잠깐 구름 속을 걸어가는 시기입니다. 어두운 운의 영향으로 아직까지 앞이 보이지 않는 것이죠.

그러나 구름은 곧 지나가요. 햇볕의 운에 나섰을 때 준비되어 있으면 바로 달려갈 수 있겠지만, 햇볕이 비추고서야 길을 나설 준비를 한다면 더 멀리 갈 수 없어요. 사람은 어려운 시기의 운을 어떻게 보내느냐가 햇볕의 운이 왔을 때보다 더 중요합니다. 어려운 운을 원망만 하면서 보내면 안 되는 이유죠. 사람에게 좋은 운만 오면 좋을 텐데 어려운 시기를 지나는 것도 다 이유가 있습니다. 사람의 그릇을 키울 수 있는 시기예요.

L군의 운은 20대보다는 30대, 30대보다는 40대 운이 점점 나아지는 모습입니다. 운이 좋아진다고 해서 쭈욱 사선형으로 올라가지 않아요. 한 계단 한 계단 올라가는 모양이라고 생각하면 될 것 같습니다.

김영기 외 여러 명이 미래직업에 대한 전망을 모아놓은 책이 있습니다. 〈한발 앞서 내다보는 유망직업 미래지도〉 첫 장에서부터 우리가 그동안 직업을 대하는 모습을 꼬집어놨습니다.

"어려서부터 우리는 공부를 잘해야 출세한다는 말을 들어왔다. 입시를 위해 공부하고, 대학을 선택할 때는 대부분 적성보다는 성적에 맞춘다. 대학에서는 졸업장을 받기 위해 전공을 공부하고, 사회 생활을 하면서는 전공과 상관없는 분야에서 일하는 경우가 많다. 그러니 일이 즐겁지 않을 수밖에."[17]

요즘은 공부 좀 한다는 대부분의 청년은 인생의 코스로 공무원 시험을 준비해 본다고 합니다. 당연히 거쳐야 할 통과의례가 된 거죠.

"한국 청년들이 공무원 시험과 대기업 시험에 매달리는 것은 매우 부끄러운 일이다. 청년들이 사랑하는 일을 찾지 않고 무조건 안정적인 일자리를 찾은 경우 5년 안에 몰락의 길을 걷게 될 것이다."

글로벌 투자의 귀재라는 짐 로저스(Jim Rogers)가 한 말이에요.

그렇다면 어떤 일을 해야 좋을까요?

"못하는 일보다 잘하는 일을 하는 것이 좋고, 잘하는 일보다 좋아하는 일을 하는 것이 좋을 듯싶다. 우리가 만날 세상은 분명 변하고 유망직업 역시 달라질 것이다. 현재에 부와 명예를 보장받는 직업의 상당수가 미래에도 부와 명예를 보장해 주지는 않을 것이다."[18]

그러기 위해서는 어떻게 해야 할까요?

"우선 다양한 경험을 해봐야 한다. 그래야 자신이 정말 잘할 수 있거나 좋아하는 일이 무엇인지 발견할 수 있다. 그 다음으로는 실패를 두려워하지 않는 도전정신을 가져야 한다. 취업이든 창업이든 창직이든 평생 동안 여러 가지 직업을 가져야 하는 시대에는 실패하더라도 다시 시작하는 힘, 도전 정신이 필요하다."[19]

L군.

L군에게는 직업을 찾고 미래를 대비하기 위한 책을 추천해 주고 싶네요. 먼저 김난도의 〈트렌드 코리아 2019〉와 김정구 등이 쓴 〈2019 트렌드 노트 생활변화관찰기〉를 읽어보세요. 현시대의 트렌드를 알아보고 그것들이 나의 삶과 어떤 연관이 있는가? 트렌드에서 어떤 힌트를 얻어 내 삶에 적용시킬 수 있는가? 돈은 어디로 흐르고 있는가? 트렌드에는 어떤 직업이 있는가? 를 스스로에게 질문해 보세요.

트렌드를 읽었다면 김영기 등의 〈유망직업 미래지도〉를 읽어보세요. 앞으로 직업 환경이 어떻게 변화할지, 어떤 일자리가 사라지고 어떤 일자리가 새로 생길 것인지에 대한 전망을 전문가들의 도움으로 같이 생각해 보세요.

조영태의 〈정해진 미래〉는 저출산 고령화가 만드는 10년 후 인구변화에 따른 생존전략에 대해 생각하게 합니다.

로버트 킨슬과 마니 페이반의 〈유튜브레볼루션〉을 읽으면 현재 우리 생활을 지배하는 유튜브 채널에 대한 공부와 크리에이터라는 새로운 직업에 대해 알게 될 것입니다.

다음은 고명환 〈책 읽고 매출의 신이 되다〉에 소개된 이야기입니다.

“마사노부 할아버지는 아흔다섯 살로 돌아가실 때까지 평생 감귤 농사를 지었다. 감귤 농사에는 매뉴얼이 있다. ‘잎이 몇 개 났을 때 몇 번 잎과 몇 번 잎을 따준다. 가지가 몇 개일 때 몇 번 가지와 몇 번 가지를 잘라준다’하는 식이다. 이런 매뉴얼대로 하면 똑같은 크기, 똑같은 빛깔, 똑같은 맛의 감귤을 만들 수 있다. 매뉴얼대로 감귤 농사를 짓던 어느 날, 마사노부 할아버지는 문득 이런 생각이 들었다.

‘왜 근대 이후에는 모차르트, 베토벤, 쇼팽, 미켈란젤로, 레오나르도 다 빈치, 소크라테스, 뉴턴, 에디슨 같은 사람이 나오지 않는 걸까?’

할아버지는 감귤을 키우다가 알게 됐다. 매뉴얼에 따라 똑같은 교육을 받기 때문에 똑같이 대기업과 공무원만 꿈꾼다는 것을. 그래서 할아버지는 감귤나무를 그냥 자라게 해봤다. 잎도 따지 않고 가지치기도 하지 않았다. 그러자 놀라운 일이 일어났다. ‘천재’ 감귤들이 탄생했다. 지금까지 한 번도 경험해보지 못한 맛을 가진 감귤들이 태어난 것이다.” -후쿠호가 마사노부 〈짚 안 오라기의 혁명〉

L군.

기존의 직업에서 일자리를 찾는 것도 중요하지만 미래에 발 맞추어갈 직업도 생각해 봤으면 좋겠네요.

"지금이라도 늦지 않다. 내가 잘하는 분야를 더 공부하고 더 연습하면 된다. 그렇다면 내가 제일 잘하는 것은 뭔가? 모든 인간에게는 10만 명의 타인보다 잘할 수 있는 능력이 최소한 한 가지는 있다고 한다. 그것을 찾아야 한다.

요리, 그림, 음악, 다른 사람을 친절하게 대하기, 길 찾기, 연애. 훌라후프, 물총 정확하게 쏘기, 가만히 있기, 인터넷 검색 빨리하기…

큰 개념부터 작고 사소한 개념까지 모두 대입해 보고 생각해 보라. 아주 작은 것이라도 놓치지 마라. 잘하는 일을 찾았다면 별것 아니라고 무시하지 말고 더 발전시켜라. 나만의 사업으로 만들어라."[20]

#5

'크게 한 방!'을 꿈꾸다

◇◇◇◇◇◇◇◇◇◇◇◇◇◇

돈은 실체가 없어서 많아 보이다가도 적어지고, 적게 버는 것 같다가도 모아 보면 큰돈이 된다. 그래서일까, 크게 한 방에 일확천금을 벌고 싶어 하는 이들이 많다. 그들의 말을 들어보면, 누군가 선심을 써 귀한 정보를 자신에게만 알려주었다고 한다. 도대체 그 사람들은 그 돈 버는 비법으로 얼마나 돈을 벌었을까? 그 대단한 비법을 다른 사람에게 가르쳐 줄 만큼 친절한 이유는 무엇일까? 무엇보다도 중요한 것은, 돈을 벌어주겠다는 남의 말을 믿고 아내 몰래 대출까지 받아 투자하는 것은 한 방에 훅 가버릴 정도로 위험한 일이다.

상담자 몇 년 만에 다시 뵙네요. 지난번에 아내랑 같이 왔었는데 오래돼서 기억나지 않으시죠?

선생님 죄송해요. 잘 기억이 안 나네요.

상담자 제가 지금부터 하는 상담을 객관적으로 말해 주실 수 있으시죠?

선생님 그럼요. 남들이 뭐라 하건 저는 나오는 대로 말을 합니다.

상담자 한 사업에서 제 아내가 제 위 단계로 99만원 투자되었고요. 제가 또 99만원 투자했습니다. 제가 아는 지인들을 많이 소개해서 제 아내는 단계가 최고 등급이에요. 그 뒤에 제가 아내에게 말하지 않고 1,900만원을 더 투자했어요.

선생님 어디에요?

상담자 자세한 것은 말씀드릴 수 없습니다. 이 명함에 계신 교수님이 그전부터 다단계에 대부이시고 이번에 큰 건을 개발하셔서 곧 거래소에 등록할 예정이에요. 등록만 되면 저희는 대박이 나는 거죠. 그래서 아내 몰래 집을 담보로 1억 7천만 원을 대출 신청했습니다. 서류심사가 통과되어 며칠 내로 돈이 나오면 같이 투자하려고요.

선생님 아. 그럼, 투자하는 합이 2억이네요?

상담자 그렇게 되죠. 제가 빚도 많고 직장생활은 하는데 언제나 허덕이며 살고 있어요. 이번에 마지막 인생 역전을 꿈꾸고 있습니다. 한 달 동안 그 교수님을 따라다니며 사업의 전망을 확인했거든요.

선생님 그러셨군요. 그렇게 확고한 믿음이 있으신데 저를 다시 찾아오신 이유는 뭡니까?

상담자 저와 같이 99만원을 투자하신 약사님을 방금 만났는데 집 대출까지 받아서 하는 것은 아닌 것 같다며 말리셨어요. 대출금은 곧 나오는데 어떡해야 하나 갑자기 갈등이 생기더라고요. 그래서 급하게 찾아왔습니다.

선생님 먼저, 사주팔자와 운을 살펴보면 올해 2018년은 본인에게 재물에 관한 일이 움직이는 운이세요. 그렇다 보니 이런 일이 생겼나 봅니다. 재물에 관한 일이 움직인다고 그 일들이 무조건 모두 긍정적인 일은 아니에요.

올해 무술년이 본인의 사주에 와서 일으키는 일은 '형살'이라는 기운을 만들어 재물운이 깨어지는 일입니다. 재물운이 깨어진다는 것은 손해 볼 일이 있다는 거죠. 특히 2018년 7월은 그 기운이 강력하게 활동하는 달이에요. 사주팔자 운으로 올해는 재물에 관한 일을 조심하셔야 하는 운이세요.

남자의 경우 재물 그릇은 이성 관계나 혼인 관계와도 연관이 깊기 때문에 역시 깨어짐이 들어오는 운이라는 말도 됩니다. 결국 이혼까지 예상하셔야 한다는 말이고요. 그런 일까지는 아니더라도 부부 사이에 이별운이 들어 있으면 다른 때보다 좀 더 위태로운데 부인 몰래 집을 담보로 대출까지 받으시는 것은 정말 위험한 일이세요.

두 번째, 육임학으로 그 일에 대한 성패를 살펴볼게요. 지금 풀이한 과전에 재물이 뜨지 않았고 관재구설이 떠 있어요. 이 일은 결국 법적 소송과 같은 관청일로 마무리될 것이라는 말이죠.

세 번째, 타로카드로 살펴볼게요. 긍정카드보다 부정카드가 가득하며 어두운 기운을 나타내는 데스카드가 떠 있네요. 역시 타로카드 상황도 이 투자에 대해 부정적으로 암시하고 있어요.

세 가지 방법으로 살펴보니 이 투자는 위험한 결정이 될 것입니다.

상담자 그렇군요. 저는 부자가 될 수 없나요?

선생님 네. 부자는 어렵겠습니다. 특히 이런 위험한 생각을 가지고 생활하시면 더더욱 부자와 거리가 멀어져요.

상담자 저는 일확천금이 사주에 없나요? 매주 2만원씩 로또를 사고 있는데 사지 말아야겠네요?

선생님 네. 로또를 사지 마시고 그 돈을 차라리 적금통장 하나 만들어 적금을 넣으세요.

상담자 절망적이네요. 이번 일이 잘 터지면 빚도 갚고 잘 살 수 있겠다 싶어서 대출까지 받았습니다.

선생님 대출금 나오면 바로 갚으세요. 바로 갚으면 아마 위약금이 발생할 것이고 벌써 손해를 보시게 되는 거잖아요. 지금 이 일은 투자가 아니고 투기예요. 그것도 정상적이지 않은 투기죠.

제가 부자들이 쓴 책을 즐겨보는데 어떤 부자도 자신의 집까지 대출받고 투자해서 부자 되는 경우는 한 명도 없었습니다. 생산적인 일에 투자할 때도 위험하지만, 지금처럼 잘 알지도 못하는 교수라는 사람의 말을 믿고 실체도 없는 일에 자신의 전 재산을 투자한다는 것은 어리석은 일이에요.

만약 단기간에 잠깐의 수익이 있었더라도 사람은 욕심이라는 감정을 가지고 있기 때문에 한 번의 성공을 영원한 성공으로 연결하려 하고, 그렇게 되면 더 많은 돈을 끌어들이고 결국 끝은 언제나 절망적입니다. 사람들은 절대로 중단하지 않거든요. 내가 스스로 일으키고 노력해서 일어나는 '부'만이 위험 없이 좋은 일을 불러옵니다. 타인의 손에 의한 '부'는 사막의 신기루와 같아요.

상담자 알겠습니다. 대출금을 상환하도록 하겠습니다.

선생님 그렇게 하셔요. 제가 사주팔자와 운, 육임학, 타로카드로 살펴봐도 그 일은 끝이 좋지 않아요. 자칫 가정까지 깨어질 수 있으니 빨리 상환하세요.

상담자 감사합니다. 갑자기 어떡해야 하나 걱정이 되면서 선생님이 떠올랐는데 오늘 잘 찾아온 것 같습니다.

◆ 운명을 살리는 사주 편지 ◆

한탕으로 대박을 꿈꾸는 Y씨에게.

Y씨의 사주를 풀어보면 '편재'라는 기운이 사주 안에서 크게 버티고 있어요. 편재라는 기운은 '한국은행'으로 보면 돼요. 한국은행에서는 우리나라 통화를 감당하고 조율하죠. 아주 큰 수치의 돈들이 드나듭니다.

그러나 한국은행 돈은 개인이 만질 수 없는 돈입니다. 바라보는 돈이죠. 소유할 수 없는 돈이에요. 뭐니 뭐니 해도 돈은 내 주머니에 있는 돈이 내 돈입니다.

편재라는 기운을 가진 사람은 대체로 큰돈을 노려요. 사주에서 '정재'는 정확한 재물, 즉 월급처럼 정해진 재물이에요. 그러나 편재는 치우친 재물, 불로소득, 로또와 같은 한탕주의로 빠질 가능성이 높아요. 상담하다 보면 노름이나 도박에 잘 빠지는 유형이기도 합니다.

편재라는 기운을 잘 쓰면 베푸는 사람이 될 수 있어요. 남의 창고를 내가 대신 맡고 있을 만큼 큰 재물 창고이니 베풀어야 하는 기운이죠. Y씨는 편재 그릇을 잘못 사용하려 한 겁니다.

사주에 편재 그릇을 가지고 있는 사람은 자신이 어떻게 돈을 버는지 자주 점검해야 합니다. 혹시 크게 한 방을 노리고 있는 마음이 있는 건 아닌지 살펴야 해요. 그리고 베푸는 것을 실천해야 하죠. 적선지가 필유여경(積善之家 必有餘慶), 선을 쌓는 집에는 반드시 경사스러운 일이 있습니다. 사주에 편재 그릇을 가지고 있는 사람들이 좌우명으로 삼아야 할 좋은 말이에요.

김미경 강사는 〈언니의 독설〉에서 돈 구별법을 알려주죠. 돈에는 진짜 돈과 가짜 돈, 숫자 돈이 있습니다.

진짜 돈은 내 몸을 부딪쳐서 내가 버는 돈, 내가 하는 일에서 번 돈이에요. 그런 돈에는 나만의 이야기가 있죠. 가짜 돈은 신용카드처럼 남의 돈이에요. 또 숫자 돈은 주식과 월급처럼 숫자만 오가는 돈입니다.

"월급날 200만원이 찍히면 아주 좋지. 월급날 되면 누가 더 동작 빠른지 경쟁하는 애들 있어. 은행에 돈 들어온 거 알면 카드회사에서 바로 빼갈까 봐 1분 안에 출금하잖아. 해본 사람은 다 알지. 이 카드 저 카드에서 다 빠져나가고 공과금, 보험료 나가면 나중에 남는 돈이 19만 5000원. 그게 '진짜 돈'이야. 200만 원은 '가짜 돈'인거지. "미치겠다! 이걸로 어떻게 살아!" 그러면서 다음 달에 또 '가짜 돈'을 쓰는 거야. 카드를 긁어대는 거지. 이게 바로 '가짜 돈'을 찍어내는 전형적인 사기 수법이야. 문제는 이게 습관적으로 반복된다는 거야. 평생 '가짜 돈'과 거래하는 사람은 '진짜 돈'을 한 번도 모을 줄 몰라."21

이번에 하려고 한 투자는 돈과의 관계를 비정상적으로 만드는 행동이에요. 집이라는 것은 돈을 버는 수단으로 사용도 되지만 그보다 중요한 의미가 있습니다.

집은 가족이 살아가는 공간이죠. 삶에 있어 최후의 보루는 가정이에요. 존 암스트롱은 〈인생학교-돈〉 편에서 집에 대한 의미를 이렇게 말해요.

"요즘 사람들은 집을 투자의 대상으로 간주한다. 이때 집은 돌과 회반죽, 또는 유리와 철 속에 한동안 저장되어 있는 일정양의 돈을 상징한다. 결국 그것은 다시 돈으로 전환될 것이다. 항상 제1의 고려대상이 되는 것은 돈이다. 건물은 단지 이상하게 생긴, 돈의 또 다른 형태일 뿐이다.

한편, 집은 대개 '가정, home'으로 인식된다. 집은 그 안에서 함께 사는 사람들의 경험과 정서를 담고 있다. 어린 시절의 추억이 담겨 있고, 개인적인 취향을 표현해 주기도 한다. 우정을 키우는 곳이기도 하다. 물론 그런 집을 가지려면 돈이 필요하다. 하지만 돈이 전부가 아니다. 돈은 단지 그런 멋진 일들이 일어나도록 돕는 수단일 뿐이다."22

'가정'인 집을 담보로 돈을 위해 대출을 받으신 것은 가장 위험한 행동이에요. 사주팔자에는 재물 그릇이라는 것이 있습니다.

사람마다 가지고 있는 그릇이 다 다르더라고요.

재물 그릇이 나타나 있는 사람과 없는 사람이 있어요. 또 그릇의 크기도 달라요. 종이컵, 국그릇, 양푼이, 양동이만한 그릇처럼 저마다 다른 크기의 그릇을 가지고 있어요.

또 그릇의 모양도 각양각색입니다. 재물 그릇의 위치도 있어요. 재물에는 성향도 있어요. 사람에게는 재물이 되는 시기도 있어요.

재물 그릇의 유무, 모양, 크기, 위치, 성향, 시기까지 다 맞춰야 소위 '부자'가 되죠.

부자가 되는 것이 어렵다는 것은 사주팔자의 재물 그릇만 보아도 알 수 있어요. 사주팔자를 해석하면 인문학이 되죠. 중요한 것은 지금 가진 돈을 관리하기 시작하는 거고요.

하브 에커는 〈백만장자의 시크릿〉에서 돈을 관리하는 습관의 중요성을 말합니다.

"큰돈을 굴리기 전에 적은 돈부터 관리하는 습관과 기술을 터득

해야 한다. 우리는 습관의 동물이다. 명심하라. 돈을 관리하는 습관이 더 중요하다. 중요한 것은 지금 가진 돈을 관리하기 시작하는 일이다. 머지않아 관리할 돈이 많아지는 현실을 목격하게 될 것이다."[23]

지금부터 있는 돈을 관리하기 시작해도 돈은 충분해집니다.

#6

20대, 사주팔자를 논하지 마라

◇◇◇◇◇◇◇◇◇◇◇◇◇◇

가느다란 목소리에 무거운 근심이 한가득 얹혀 있어 마음이 아팠다. 22살 인생의 걱정이 목소리에서부터 그대로 묻어났다. 자신이 하고 싶은 일과 주변에서 권하는 일 사이에서 학생은 오래 혼란스러워했다. 방황한 나머지, 학생은 사주팔자라는 운명을 빌어 확인 받고 싶어 했다. 학생의 나이 겨우 스물둘. 이 청춘은 오답을 내서는 안 된다는 두려움에 떠밀려 정답을 커닝하듯 사주팔자에 기대러 온 것이었다.

상담자 이번에 수능 봐서 사범대 지리학과에 합격했어요. 작년에 공대 전자전기학과를 1년 다니다가 휴학한 상태고요. 주변에서는 앞으로 취업을 위해서는 공대에 계속 다니는 것이 좋겠다는 의견들이 더 많아요. 제가 어떻게 하면 좋을까요?

선생님 왜 다시 사범대에 도전했나요?

상담자 취업을 위해 성적 맞춰서 공대에 갔는데 재미가 없더라고요. 아이들 가르치는 일을 하고 싶어요. 제가 선생님을 할 수 있는 사주인가요?

선생님 선생님이 되려면 사주팔자에서는 세 가지를 살펴봐요. 우선, 제자 그릇을 살펴봐야 하죠. K양 사주에서 제자 그릇은 나쁘지 않네요. 또 일할 곳을 뜻하는 직장 그릇을 살펴보면 공무원이나 공공기관, 대기업에 취업할 수 있을 정도의 좋은 그릇을 갖고 있습니다. 충분히 교육공무원인 선생님을 노려볼 만한 사주구조예요. 다음으로 합격 가능한 운이 있는지 살펴보면, 3년 뒤부터 좋은 운으로 흐르네요.

상담자 다행이네요. 저는 제가 괜한 도전을 하나 싶어서 걱정했거든요.

선생님 저도 꿈을 응원할 수 있어서 다행입니다. 그런데 사주팔자로 해석은 해봤지만 선생님이라는 직업에 대한 도전은 만만치 않을 거예요. 저출생으로 점점 학생 수가 점점 줄어드는 요즘에 선생님 되기는 쉽지 않다는 것을 아셔야 해요.

상담자 각오하고 있어요.

선생님 원래 20대는 사주팔자를 논하지 말라고 합니다. 그 말은 20대는 운명론을 생각하지 말고 하고 싶은 대로 해 보라는 뜻이에요. 이제 겨우 22살입니다. 주변 의견보다는 마음이 시키는 방향으로 밀고 나가도 되는 나이인 거죠. 무엇이라도 마음껏 하고 싶은 것을 해도 되는 때에요. 4년 동안 대학 생활을 즐긴 뒤에 선생님이라는 직업에 도전하는 거잖아요.

상담자 맞아요. 생각만 해도 설레요.

선생님 그걸로 충분해요. 어느 조사 결과를 봤는데, 자신이 전공한 학과로 직업을 찾는 경우는 10% 정도라고 해요. 직업을 염두에 두고 공부를 해도 좋지만 일단 마음이 시키는 공부를 해 보는 것도 좋아요. 4년이라는 시간 동안 행복하다는 것이 중요해요.

상담자 감사합니다. 저의 도전이 무모하지 않다는 것을 확인하는 시간이었어요. 선생님 말씀에 힘이 나네요.

◆ 운명을 살리는 사주 편지 ◆

꿈과 현실 사이에서 고민하는 K양에게.

K양의 사주를 보면 겨울에 태어난 큰 나무입니다. 甲木(갑목)은 교육에 유리하죠. 태어난 시간이 나무를 키워주는 태양(丙火, 병화) 입니다. 추위에 떨고 있는 겨울나무 입장에서 태양의 기운을 만나니 반갑죠. 木의 기운을 자연스럽게 쓸 수 있는 것은 火(화)의 기운이에요. 나무 입장에서 火는 꽃이면서 가르치고 기르는 존재예요. 즉, 제자이고 자식입니다. 선생님이 되기 위한 제자 그릇을 뜻해요.

태어난 子月(자월-양력 12월)은 甲木 입장에서 공부 그릇이에요. 사주에 태양이 없었으면 얼어붙은 공부 그릇이니 쓸모없었을 텐데 火의 기운과 조화를 이루어 공부도 제법 잘하는 사주예요. 사주는 이렇게 조화롭고 균형 잡힌 것을 좋아해요.

공부 그릇과 제자 그릇만 있다고 선생님이 되지는 않습니다. 가르칠 공간인 직장, 즉 학교가 있어야 하죠. K양의 사주에서는 金(금)의 기운을 직장 그릇으로 봐요. 직장 그릇도 나쁘지 않네요. 꼭 학교가 아니더라도 이 정도 사주가 되면 취업하기는 수월해져요.

마지막으로 중요한 건 사주가 원하는 방향으로 나아갈 수 있는 환경이 되느냐예요. 대운의 흐름이죠. 따뜻한 남쪽 운으로 흘러요. 남쪽은 火(화)의 방향입니다. 큰 나무가 꽃을 피우는 데 도움이 되는 운이에요.

K양은 사주와 운을 참조하여 자신의 꿈을 펼쳐도 좋은 조건이에요. 또 아직 20대잖아요. 굳이 운명에게 물어보지 않더라도 뭐든지 해 봐도 좋을 나이입니다.

김수영 저자는 〈멈추지 마, 다시 꿈부터 써봐〉에서 방황하는 청춘에게 좋은 충고를 해 주고 있어요.

"우리가 행복해지기 위해서는 두 가지 선행조건이 필요하다. 내 삶의 주인이 되는 것, 그리고 내 마음의 주인이 되는 것. 하지만 많은 사람들이 자신에게 주어진 환경이나 상황을 고정불변이라 생각하고 여기에 끌려 다니는 하녀처럼 살고 있는가."[24]

취업에 유리한 공대를 계속 다니라는 주변의 권유와 선생님이라는 꿈을 이루기 위해 사범대를 다니고 싶은 마음. 선택의 갈림길에서 중요하게 생각해야 할 것은 이 삶이 누구의 삶인가, 삶의 주인이 누구인가입니다.

"소설 〈데미안〉에 '새는 알에서 나오려고 투쟁한다. 알은 새의 세계다. 태어나려고 하는 자는 하나의 세계를 깨뜨려야 한다. 새는 신을 향해 날아간다. 신의 이름은 아프락사스다'라는 구절이 있다. '아프락스'라는 신은 자신의 내면에 있으며, 내면의 목소리를 듣고 진정한 나로 성장하는 것을 의미한다. 나 역시 성장을 위해 수도 없이 알 속에서 머리를 부딪치며 깨뜨리는 고통을 감내해야 했다. '가난', '문제아', '상고생'이라는 꼬리표의 알, 하지만 그 알을 깨뜨리고 나자 나는 한 명의 독립적이고 자유로운 새가 될 수 있었다."[25]

남들이 만류하는 길을 선택하는 데는 용기가 필요하죠. '실패하면 어떡하지?'라는 두려움을 이겨내야 해요. K양만 두려운 것이 아네요. 사람들은 누구나 도전하면서 두려워한답니다.

"바다가 깊을까 봐 무서워서 뛰어들지 못한다면 당신은 태평양처럼 넓은 자신의 잠재력을 발견하지 못한 채 평생 쪽배 같은 크기의 안전지대를 벗어나지 못할 것이다. 인생의 하녀로 살 것인지 주인으로 살 것인지는 당신의 선택에 달려 있다."[26]

22살.

삶의 주인이 되기 위해 독립해야 하는 시기에요. 독립에는 경제적 독립과 정신적 독립이 있죠. 자신이 원하는 길을 선택해서 걸어가는 것이 정신적 독립입니다.

"세상 모든 사람이 각자 다른 방식으로 살아가는 것처럼 세상에는 나와 맞는 것이 있듯이 맞지 않는 것도 있는데 실패가 두려워 시도조차 하지 않는 바보는 되지 말자고."[27]

K양이 가야 할 곳은 자신의 마음이 가리키는 곳이에요. 눈앞에 놓인 인생의 갈림길에서 한 가지를 선택해야 할 때 사람은 자신이 행복해하는 곳을 선택해야 하죠.

"무의식의 세계는 의식의 세계보다 한 없이 깊고 넓으니, 나는 계산기를 두드리기보다는 거침없이 내 가슴이 시키는 길을 따른다."[28]

〈멈추지 마, 다시 꿈부터 써봐〉 저자 김수영은 계속 말합니다.

"오늘 하루가 어쩌면 인생의 마지막 날일 수도 있어. 미래의 성공을 추구하면서 정작 오늘 행복하지 않다면 그게 무슨 의미가 있을까. 어떻게 하면 매일매일 행복할 수 있을까?"[29]

| 2장 |

섹스는 운명을 교환한다 ; 사랑운

사랑에 대해서 배워야 할 것이 있다고 생각하는 사람은 거의 없다. 우선 대부분의 사람들은 사랑의 문제를 '사랑하는', 곧 사랑할 줄 아는 능력의 문제가 아니라 오히려 '사랑받는' 문제로 생각한다. 그들에게 사랑의 문제는 어떻게 하면 사랑받을 수 있는가, 어떻게 하면 사랑스러워지는가 하는 문제이다.
사랑에 대해서 배울 필요가 없다는 태도의 배경이 되는 두 번째 전제는 사랑의 문제를 '능력'의 문제로 보지 않고 '대상의 문제'로 보는 것이다. '사랑한다'는 것은 쉬운 일이고, 사랑할 또는 사랑받을 올바른 대상을 발견하기가 어려울 뿐이라고 사람들은 생각한다.

#1

그 남자는 이미 사랑이 식었다

_연인과 헤어진 미혼녀 시점

◇◇◇◇◇◇◇◇◇◇◇◇◇◇

언젠가는 꿈에 그리던 남자나 여자를 만나게 되리라는 낭만적 운명을 믿는가? 누군가를 만날 때, 그 만남이 운명적 만남이라고 믿으면 온 마음을 다하게 된다. 사람들은 그렇게 만남만 존재하길 바란다.

세상에는 음과 양이 있고, 만남 뒤에는 동전의 양면과도 같이 이별이 분명히 있다. 이별 후에 괴로운 마음을 이끌고 상담하러 오는 이들에게 꼭 말해 주고 싶다. 이별에는 그 누구의 잘못도 없다. 자연스레 이끌렸듯이, 자연스러운 흐름이다. 세상 모든 헤어진 연인들이 지나간 인연을 붙들고 슬퍼하지 말았으면 좋겠다.

선생님 모녀가 같이 오셨네요?

상담자 제 딸과 아들이 한 달 사이에 둘 다 이별을 했습니다. 속상해서 왔어요. 다른 인연이 있을지 물어보려고요.

선생님-딸에게 마음이 많이 아프겠네요.

상담자 딸 네. 작년에 오빠랑 같이 와서 궁합을 보고 갔거든요. 올해 이별운이 있으니 조심하라고 하셨는데 정말 헤어졌어요.

선생님 얼마나 됐어요?

상담자 딸 15일 다 됐어요. 선생님 책을 사서 읽어 봤어요.

선생님 고마워요. 어땠어요?

상담자 딸 재미있었어요. 그런데 남녀 상담에 관한 이야기는 많이 없더라고요. 한 편 있던가? 이번 일은 도움 받을 수가 없었어요.

선생님 그랬구나. 남녀 상담을 많이 쓸걸. 이렇게 이별 때문에 아플 때 도움이 못 돼서 미안해요.

상담자 딸 다음 책에 많이 써주세요. 헤어진 남자 친구 사주랑 같이 봐도 돼요?

상담자 아니, 선생님. 그 아이 것은 보지 마세요.

상담자 딸 왜? 엄마! 난 같이 보고 싶단 말이야.

상담자 제가 처음부터 마음에 안 드는 놈이었어요. 그냥 제 딸에게 다른 인연이 언제 올 수 있을지만 봐주세요.

선생님 서른 살 먹은 딸의 연애에 엄마가 끼어들 일은 아닌 것 같아요. 지금 이별을 겪으며 가장 마음이 아픈 당사자는 딸이잖아요.

상담자 딸 감사합니다. 혹시 선생님은 아세요? 남자들이 이별을 준비할 때 어떤 행동을 하는지?

선생님 글쎄요. 책으로 읽거나, 상담하면서 느꼈거나, 제 경험에 비추어 조금 알 뿐이죠.

상담자 딸 그럼 선생님의 경험을 바탕으로 해서 남자가 마음이 식었다는 징후는 어떻게 나타나는지 알려주세요.

선생님 그래요. 제 경험에 의하면,

첫째, 남자는 관심이 없으면 손끝도 하나 움직이지 않는 것 같아요. 특히 전화번호를 절대로 누르지 않아요. 그래서 남자의 관심이 줄면 통화량이 줄어요. 또 여자의 전화나 문자를 잘 받지 않고 확인하지 않고요. 전화를 일부러 피하더라고요.

둘째, 여자가 말하는 것을 기억해 주지 않아요. 어디 가자, 뭐 먹고 싶다, 같이 뭐 하자 이런 것들을 처음 연애할 때는 사소한 것까지 기억해서 같이 할 수 있도록 배려해 주는 데 마음이 식으면 그런 얘기를 했다는 것도 몰라요.

셋째, 내 하루나 일상을 궁금해하지 않아요. 당연하죠. 관심이 없으니까. 뭘 하는지 묻지 않아요.

넷째, 자신이 가진 것을 아까워하더라고요. 돈을 쓰지 않는다던가, 시간을 내지 않는다던가, 기다리는 시간을 아까워하죠. 자신의 어떤 것도 여자를 위해서 희생하지 않으려 해요.

다섯째, 스킨십이 없어져요. 에로스가 메마르죠. 소 닭 보듯 해요.

그 외에 웃어주지 않는다던가, 퉁명스러운 말투를 쓴다던가, 냉정하고 차가워지며 무심해진다던가, 여자가 화나서 하는 '헤어지자' 소리를 진실로 받아들여 진짜로 헤어져요.

뭐. 제가 아는 것들이에요. 도움이 됐어요?

상담자 딸 네. 연락이 뜸해지면 의심을 해 봐야겠네요. 저는 그런 줄도 모르고 바빠서 그런 가 했어요.

선생님 그랬구나. 마음이 많이 아프죠? 여자는 변덕이고 남자는 변심이래요. 혹여 오빠가 다시 연락해 오거든 예전의 그 오빠가 아니라는 사실만 기억하세요. 이미 식어버린 마음을 두고 다시 이어가려는 인연은 다음에 똑같은 상황에서 상처받아요. 그냥 놔 줘요. 올해는 다른 인연에 연연해 마시고, 내년에 좋은 인연운이 기다리니 참고 있어 봐요.

상담자 딸 네. 감사합니다. 알고 나니 마음이 오히려 홀가분해졌어요. 선생님 덕분에 오빠의 마음이 식었다는 것을 깨달았거든요.

선생님 그래요. 세상은 넓고 남자는 많아요. 좋은 인연이 꼭 있을 테니 잘 이겨내 보세요.

◆ 운명을 살리는 사주 편지 ◆

사랑의 시련을 겪는 O양에게.

사주에서는 남녀의 사랑진행 과정을 궁합이라는 형식으로 살펴봐요. O양과 남자친구의 사주를 비교하며 두 사람의 궁합을 같이 살펴보았었죠. 그리고 운의 흐름으로 이별을 예견하기도 했어요. 운을 보면 이별은 누구의 탓도 아네요. 두 사람은 만남과 헤어짐의 자연스러운 과정 속에 있었을 뿐이에요. 운명의 장난처럼 말이죠.

O양 사주에서 이성 관계를 나타내는 기운은 '관성'이라는 그릇이에요. 여자에게는 직장 그릇이기도 하고, 남자 그릇이기도 하고, 명예 그릇이기도 해요. 관성의 주 임무는 나를 통제하면서 보호하는 역할입니다. 울타리, 규칙, 조직, 법 이런 것을 생각하면 돼요. 울타리는 나를 가두는 역할이면서 밖으로부터 보호하는 역할이에요. O양은 아직 제대로 된 울타리 역할을 할 남자를 못 만난 것입니다.

결혼은 보통 이성운과 자식운이 움직이면 많이 해요. 또는 운에서 사주와 합을 하고 들어오거나 운에서 배우자 자리를 자극하면 결혼을 하고요. O양은 이성 만남의 운이었으나 결혼으로 연결되는 시기는 아니었습니다. 잠시 O양의 인생이라는 기차에 그 남자가 올라탔다가 다음 역에서 내린 거죠. 잠깐의 시간을 함께한 승객이었던 것뿐이에요.

O양의 인생은 계속 앞으로 달리고 있으니 다음 역에서 다른 승객이 탈 거예요. 달리고 있는 인생기차에 오르고 내리는 사람들이 남자이기도 하고, 친구이기도 하고, 동료이기도 합니다. 때로는 가족들이 내리기도 하죠. 만남과 이별은 언제나 같은 공간 안에 있어요. 상대의 마음이 변해가는 것을 미리 알아채지 못했다고 자책하지 마세요.

알랭 드 보통은 〈왜 나는 너를 사랑하는가〉에서 사랑의 시작부터 변하고 헤어지는 과정을 소설로 썼어요. 사랑의 생성과 소멸입니다.

"실수는 사랑하게 될 운명을 어떤 주어진 사람을 사랑할 운명과 혼동한 것이다. 사랑이 아니라 그 사람이 필연이라고 생각하는 오류였다. 내가 그 사람을 사랑했다는 것. 우리가 만나고 못 만나는 것은 결국 우연일 뿐이라고, 989,727분의 1의 확률일 뿐이라고 느끼게 되는 순간은 동시에 그와 함께하는 삶의 절대적 필연성을 느끼지 않게 되는 순간, 즉 그에 대한 사랑이 끝나는 순간이기도 할 것이다."[30]

O양.

모든 사랑에는 사랑하는 사람의 장점을 의도적으로 과장하는 면이 있습니다.

"정말 무서운 것은 나 자신을 용납하는 것은 그렇게 어려워하면서 다른 사람은 끝도 없이 이상화 할 수 있는 것이다. 사랑에 빠진다는 것은 희망이 자기 인식에 승리를 거두는 것이다. 우리는 자신에게 있는 비겁함, 심약함, 게으름, 부정직, 타협성, 끔찍한 어리석음 같은 것을 상대에게서 발견하지 않기를 바라면서 사랑에 빠진다."[31]

그런데 사랑이 슬플 때가 있죠. 서로에게 보내는 신호가 어긋날 때에요.

"두 사람은 똑같은 기대를 안고 사귀어야 해요. 서로 똑같이 줄 준비가 된 상태에서 말이에요. 한쪽은 그저 한번 즐기고 싶어 하고 다른 쪽은 진정한 사랑을 원하면 안 된다는 거죠. 거기서 모든 괴로움이 생기는 것 같아요."[32]

"사랑은 첫눈에 태어날 수 있다. 그러나 그에 상응하는 빠른 속도로 죽지는 않는다."[33]

헤어짐의 전조는 이미 사랑의 시작 안에 포함되어 있어요.

"그녀의 짝이 자신의 목에 입을 맞추는 방식, 책장을 넘기는 방식, 농담을 하는 방식에 유혹 당했던 여자는 바로 이 점들 때문에 짜증을 낸다. 마치 사랑의 끝은 그 시작 안에 이미 포함되어 있는 것 같다. 사랑의 붕괴의 요소들은 그 창조의 요소들 안에서 이미 괴괴하게 전조를 드러내고 있는 것 같다."[34]

일단 한쪽이 관심을 잃기 시작하면, 다른 한쪽에서 그 과정을 막기 위해 다른 한 쪽이 할 수 있는 일은 거의 없는 것 같아요.

"양쪽 모두 그것을 복원하고 싶을 때에만 가능한 일이기 때문이다. 정직한 대화는 짜증만 일으키고, 그것을 소생시키려다가 사랑만 질식시킬 뿐이다. 연인은 어떤 대가를 치르더라도 짝에게 다시 구애하려고 필사적으로 노력하게 되고, 그 결과 낭만적 테러리즘에 의존하게 된다. 이것은 대책 없는 상황의 산물이다."[35]

반드시 끝내야만 하는 상황은 와요. 결국 사랑의 죽음은 막을 수 없는 현실로 다가옵니다. 분노, 배신감, 증오, 패배감 등의 감정이 강렬해질 때 우리는 사랑을 거부하는 쪽을 못됐다, 나쁘다고 비난하죠.

"사랑의 종말은 이타주의와 이기주의, 도덕성과 비도덕성 사이의 충돌이라기보다는 근본적으로 이기적인 두 충동 사이의 충돌로 나타난다."[36]

사랑을 거부했다고 그 사람이 나보다 나쁘고 비도덕적일까요? O양이 그 남자를 사랑했다고 그보다 더 도덕적이고 선하다고 할 수 있을까요?

"비록 내 사랑에는 희생이 포함되었다고 해도, 나는 그렇게 하는 것이 행복했기 때문에 그를 사랑했을 뿐이다. 나는 순교를 한 것이 아니다. 나는 의무이기 때문이 아니라 그렇게 하는 것이 내 경향에 완벽하게 들어맞았기 때문에 그렇게 행동했을 뿐이다."[37]

"왜 우리는 그냥 서로 사랑할 수 없는 것일까?"

주위의 많은 사람들이 똑같이 하는 질문이에요. 사랑의 고통이 심하다고 비관적인 태도가 되어서 완전히 사랑을 떠나버릴 수 있을까요?

"사랑에 고통이 없을 수 없고, 사랑이 지혜롭지 못한 것일 수 있지만, 그렇다고 잊을 수 있는 것은 아니었다. 사랑은 비합리적인 만큼이나 불가피했다. 불행히도 그 비합리성이 사랑을 반박하는 무기는 되지 못했다."[38]

사랑은 아이러니하게 절대로 멀리 벗어날 수 없어요. 다시 사람을 만나 운명적 만남 앞에 마음이 떨리고 상대에게 빠지기 시작해요. O양에게도 운명적 만남이 다시 시작될 것입니다.

#2

남자가 외도를 했을 때 꼭 이별만이 정답인가요?

_불륜남의 부인 시점

◇◇◇◇◇◇◇◇◇◇◇◇◇

결혼이라는 제도는 믿음을 기반으로 하고, 외도는 그 믿음을 저버리는 일이다. 그래서 남편이나 아내의 외도는 가정을 뒤흔든다. 그러나 가정은 두 사람의 사랑으로만 이루어지지 않는다. 남녀가 만나 자녀라는 결실을 맺었다면, 부부의 사랑이 엷어지더라도 자식을 키워내야 하는 책임은 남는다. 부부는 연인을 넘어 자식을 공동으로 키우는 양육 파트너가 되는 것이다. 그 사이에 부부 어느 쪽에서든 새로운 이성운이 들어서기도 하는데, 그때마다 부부가 이혼을 택해야 할까? 남아 있는 자녀는 어떻게 될까?

상담자 올 6월에 남편이 바람피우는 걸 저에게 들켰어요.

선생님 2016년과 2017년 사이에 만났을 것 같군요.

상담자 네. 그때 만났대요. 제가 요즘 그것 때문에 힘드네요.

선생님 당연하죠. 이혼하고 싶으시겠죠.

상담자 네. 20살에 남편을 만나 군대 기다리고 결혼해서 오직 남편만 바라보고 살아왔습니다. 28년이네요. 그런데 남편이 다른 여자를 만났다는 사실이 저를 괴롭혀요.

선생님 혹시 2016년과 2017년 사이에 부인이 남편을 멀리하지 않으셨나요? 분명히 그랬을 것 같은데.

상담자 맞아요. 그동안 제가 한 번도 그러지 않았는데 그때는 왜 그랬는지 남편을 멀리하고 옆에 오면 밀어냈어요. 정말 이상하리만큼 남편을 멀리했어요.

선생님 지금 부인의 마음이 점점 힘들어지고 있을 것 같아요. 남편의 바람을 처음 알았을 때보다 그 뒤에 서서히 다가오는 분노가 더 크거든요. 처음엔 화가 나고 내가 왜 이런 일을 당해야 하나 싶고 남편을 미워하고 그러다가 내가 남편을 밀어내서 그랬나 싶어 자책하고 자신에게 이런 일이 생겼다는 것에 대해 자존심 상해하죠. 그리고는 우울증이나 정신적 질환으로 발전해요. 보통 남편이 바람피운 걸 알고 난 후의 여자들의 감정 변화예요.

상담자 맞아요. 지금 제가 저에게 용서가 안 돼요. 왜 남편을 그렇게 밀어냈을까 후회되고, 남편이 바람피웠다는 걸 알면서도 삼 개월째 같이 살고 있고 시댁에 가서 명절 음식을 만들고 친정에 가고 하는 제 모습이 너무 가식적으로 느껴져요. TV에서 보거나 다른 사람들의 그런 이야기를 들었을 때 어떻게 그런 일을 겪고도 같이 살 수 있지? 라며 그 사람들이 정상으로 보이지 않았어요. 뭔가 부부 사이에 문제가 있으니 그런 일이 있을 것이고 여자가 잘못하니 남자가 밖으로 바람을 피우는 거라고 생각했거든요. 그런데 제가 지금 남편의 바람을 알고도 헤어지지 않고 삼 개월째 같이 살고 있다는 사실이 믿기지 않습니다.

선생님 저는 보통 이혼을 권하는 쪽이에요. 30대나 40대 초반 때는 엄마의 삶을 기준 삼아 이혼을 신중하게 생각하라 하지만, 45세 이후는 여자의 삶을 기준으로 잡고 판단하라 하죠. 부인도 정 괴로우시면 이혼도 생각해 볼 일입니다. 다만, 제가 보기에 두 분은 아직 서로를 사랑하시는 것 같아요.

상담자 맞아요. 제가 남편을 좋아는 하는 것 같고. 남편도 지금은 노력 중이에요.

선생님 남편에게 이번 외도는 말 그대로 지나가는 바람이에요. 남편의 부인에 대한 깊은 마음은 변함이 없다는 것이 본질입니다. 남편과 부인의 본질적인 애정을 무시하고 서로 감정적으로 헤어짐을 선택했을 경우, 부인 입장만 말해 볼게요. 우선 이혼녀라는 타이틀이 붙을 것이고요. 경제적 자립을 해야 해요. 그래도 그 부분은 운으로 보아 괜찮을 것 같습니다.

다음은 부인이 겪을 마음의 결핍감이에요. 이혼한다고 다 여자들이 그러는 것은 아니지만 부인은 후회와 외로움을 심하게 겪을 것 같고요. 앞으로 들어오는 운이 새로운 인연의 남성을 만날 운이 대기 중입니다. 부인이 남편과 이혼하든 하지 않든 다가올 운이고요. 이혼한다면 더욱 확실해지겠죠. 이혼하지 않고 살아도 어쩌면 남편이 부인에게 입힌 상처를 부인이 남편에게 똑같이 입힐 수도 있어요. 나는 절대 아니야 라고 말할 수 없습니다.

그럼 부인이 새로운 상대를 만났을 때를 생각해 보겠습니다. 지금 만날 수 있는 상대는 1번 유부남, 2번 이혼남, 3번 싱글남입니다.

유부남은 다른 여자 남편이고 이혼남은 내 남편과 같은 상대이고 싱글남은 이제까지 결혼하지 않는 사람입니다. 어떤 상대를 만나고 싶으세요?

상담자 지금 제 남편이랑 똑같네요.

선생님 맞습니다. 더 나은 사람을 만날 수 있겠지가 아니라는 말이에요. 이혼 후 새로운 인연을 만나 잘 사는 경우도 있습니다. 그러나 극히 소수예요. 새 인연을 만나 잘 살아가기가 그만큼 힘들다는 말인 거죠. 그럴 바에는 지구상에서 내 아이들을 가장 사랑해 줄 아빠는 지금의 아빠이고, 부부가 서로 사랑하고 있으니 앞으로 잘 지낼 수 있는 가능성이 높은 사람들도 두 분입니다. 이혼운이 있으니 이혼을 하세요. 다만 마음에서 이혼을 하시는 거예요. 한번 부인의 마음에서 이혼했다고 생각하고 강하게 내려놓으세요. 잠깐의 별거는 도움이 됩니다. 그리고 새로 만난 사람이 남편이라고 생각해 보세요.

상담자 제가 계속 이 남자와 살 수 있을까요? 자꾸 미워지는데. 자신이 없어요.

선생님 미워하세요. 원망도 하시고요. 당연히 그러셔야 해요. 그러면서 마음을 내려놓으면 됩니다. 내게는 절대 이런 일이 일어나지 않을 거야 가 아니라 내게도 있을 수 있는 일이라는 걸 알게 되면 세상을 보는 시야가 넓어지며 공감하게 되고 이해하게 돼요. 이런 일로 사람은 한 뼘 자랄 거예요.

상담자 저는 정말 제게 이런 일이 절대 일어날 거라고는 상상도 못 했어요. 그래서 자만했죠. 지금까지는 그런 일을 겪는 사람들이 못나 보였고 다른 세계의 사람들이라며 생각하고 살아왔습니다.

선생님 누구나 그렇게 생각해요. 설마 내게 불행이 올 거라고 생각하지 않죠. 모든 기준을 잘 됐을 때로 맞춰두고 살거든요. 또 여자들은 남자가 자신을 사랑해줘야 나도 사랑한다고 생각해요. 당신이 사랑하면 나도 사랑한다죠. 삶의 기준, 사랑의 기준이 타인에게 있어요. 그러나 이제 자신의 사랑의 기준을 밖에, 상대에게 두지 마세요. 내가 사랑하면 되는 겁니다. 상대가 어떤 모습이든 내가 사랑하면 주체가 내가 됩니다. 상대가 내게 잘하니까, 상대가 나를 사랑하니까 나도 사랑한다가 아니라 내가 사랑하니까 너의 모든 것을 받아들인다가 되어야 해요. 그럼에도 불구하고 상대의 상황에 따라 움직이는 사랑은 진정한 사랑이 아네요.

지금 부인은 남편의 바람이 괴로울 뿐이지 이혼하고 싶은 마음도 용기도 없습니다. 그리고 여전히 남편을 좋아하시는 것 같고요. 이미 일어난 일이고 스스로 자책한다고 시간을 되돌릴 순 없어요. 내가 정말 내 남편을 사랑하느냐 사랑하지 않느냐가 기준이 되면 행동과 선택이 확실해집니다. 스스로에게 묻고 또 묻고 해 보세요.

상담자 네. 저는 남편을 좋아합니다. 그런데 정말 많이 힘이 드네요.

선생님 잠깐 떨어져 사시는 것도 좋아요. 아마 시간이 지나면 남편과 원만히 다시 지내실 거라 예상돼요.

남편의 바람으로 이혼을 생각하는 B씨에게.

B씨의 사주를 보면 9월의 辛金(신금-작은 쇠)으로 태어났습니다. 戌月(술월-양력 9월)입니다. 戌중에는 세 가지의 하늘의 기운이 숨어 있어요. 그 중에 하나가 남편을 뜻하는 작은 불 丁火(정화)입니다. 남편의 기운이 큰 땅 안에 감춰진 모습이죠. 남편을 뜻하는 火(화)의 기운은 사주에서 밖으로 드러나 있지 않아요.

문제는 남편을 뜻하는 기운인 丁火가 옆 글자 申金(신금- 큰 쇠) 안에 숨어 있는 壬水(임수)와 보이지 않는 합을 하고 있습니다. 申金은 나와 같은 金(금)의 기운이니 내 친구, 동료, 형제, 나와 같은 여성들이에요. 사주에서 내 남자의 바람이 암시되어 있었네요. 남편이나 아내의 바람이 그 사람들의 잘못으로만 일어나지 않는다는 뜻이죠. 때로는 이렇게 운명적으로 암시되어 있기도 합니다.

남편이 외도를 했을 때 꼭 이혼해야 할까요?

법륜 스님의 〈스님의 주례사〉와 장경동 목사의 〈결혼, 하면 괴롭고 안 하면 외롭고〉의 조언을 먼저 소개할게요.

"남편이 자신만 바라보겠다는 약속을 어기고 한눈을 팔았다는 사실에 아내는 큰 상처를 입고 그 배신감에서 헤어 나오지 못하기 때문에 괴롭습니다. 마음을 잡으려고 노력하지만, '남편과 가정에서 잘 지내고 싶은 마음'과 '나에게 어떻게 한 사람인데' 하는 두 마음 사이에서 괴롭습니다. 이럴 때는 길게 고민하지 말고 빨리 선택을 해야 합니다. 안 살려면 지금 빨리 헤어져야 해요. 이런 상태로 시간을 끌면 끌수록 가장 먼저 내 인생이 피곤해지고, 그 다음으로는 자녀에게 좋지 않아요. 내 인생을 피곤하게 하는 것은 내가 책임지면 되지만 아직 어린 자녀에게 나쁜 영향을 미치는 건 큰 죄가 됩니다."[39]

"남편이나 아내의 외도로 인해 힘들어하는 배우자가 있습니다. 많이 힘들 것입니다. 하지만 외도를 했다고 곧바로 이혼을 해서는 안 됩니다. 그러면 관계 회복의 기회를 상실되기 때문입니다. 상처가 심한 경우 '마음이 아픈데 왜 살아?'라고 생각할 수도 있습니다. 하지만 아픔을 이기고 살아야 할 또 다른 이유가 있습니다. 자녀입니다."[40]

원망만을 곱씹기보다는 아내이자 엄마로서 자신은 어땠는지 돌아볼 수 있길 바라요.

자신을 돌아보고 상황을 받아들이면 어떨까요.

"사랑은 단순하지 않습니다. 둘이 좋아서 입을 맞추는 것만이 사랑이 아닙니다. 측은지심 또한 차원 높은 고도의 사랑이라 할 수 있습니다. 이혼할 수밖에 상황에서도 그것을 피하는 것 또한 사랑의 일부분이라 할 수 있습니다. 이게 다 사랑인 것입니다."[41]

"남편이 바람피워서 가정을 버렸다고 윤리, 도덕으로 얘기하고 법률로 따지지 마세요. 윤리, 도덕이 다 맞는 것도 아니고, 법률이 다 맞는 것도 아니에요. 오직 인연의 이치로만 해결할 수 있어요. 진리로만 해결이 될 수 있습니다."[42]

지금 B씨의 입장에서 이혼해야 할 이유는 누가 봐도 뚜렷해 보여요. 그러나 참고 살아야 할 이유도 무시할 수 없지요. 이럴 때 결혼이라는 제도가 도움이 됩니다.

"결혼이라는 제도 때문에 힘들다는 거는 핑계입니다. 하늘을 나는 연을 한 번 상상해 봅시다. 연은 자기를 잡고 있는 실 때문에 제대로 날 수 없다고 합니다. 실이 없으면 한없이 훨훨 날 수 있을 것이라고 생각합니다. 그래서 '나를 제발 좀 놔줘'라고 말합니다.

그럼 연을 놔주면 어떻게 될까요? 정말 연은 훨훨 날아 자신이 원하는 대로 갈 수 있을까요? 아닙니다. 실이 연을 놔주는 순간, 그 연은 방죽에 빠져 죽습니다. 연이 하늘을 나는 데 중심을 잡아주는 것은 실 덕분입니다. 실이 없으면 별나라로 가는 것이 아니라 방죽에 빠져 죽을 수밖에 없어요."[43]

B씨.

남편의 잘못도 분명히 보이지만, 한 걸음만 물러나서 바라보면 전체적인 맥락과 상황을 볼 수 있어요.

남편의 외도라는 결과만 생각하며 괴로워하지 마시고 큰 그림을 보면서 생각해 볼 일이에요.

"문제를 풀어가려고 하지 마세요. 그냥 두세요. 어디서부터 부부의 '찡'이 떨어졌는지 알면 문제는 저절로 해결될 것입니다. 한겨울에 눈이 수북이 쌓였다고 걱정하지 마세요. 눈을 치우려고 하지 마세요. 해만 뜨면 눈은 스스로 녹아서 없어지고 맙니다. 문제라는 건 해결하려고 하면 할수록 꼬입니다. 문제는 놔두고 사랑으로 회복하면 됩니다."[44]

"만약 살겠다고 마음먹었다면 상대가 혹시 바람을 피우더라도 '그래, 그래도 내 권리가 제일 크다'고 생각하고 그 상황을 있는 그대로 받아들이는 자세가 필요합니다. 이것은 바람피우는 행동을 합리화하는 게 아니라, 우리 스스로를 어떻게 행복하게 할 것인가 하는 문제예요. 바람피우는 문제에 목매달고 질투하며 평생 괴로워하면 자기 인생이 괴로워져요. 긍정적으로 사물을 보세요. 윤리나 도덕에 묶이지 말고, 어떻게 하면 자신이 행복해 질 수 있을까를 중심으로 생각해야 합니다."[45]

#3

외도를 한 당신에게

_관계를 들킨 불륜남 시점

◇◇◇◇◇◇◇◇◇◇◇◇◇◇

한 부부가 함께 상담을 하러 왔다. 남편의 외도로 어쩔 수 없이 이사해야 하는 상황이었는데, 남편은 비겁하게도 상대 여자에게 모든 탓을 돌리고 있었다. 상담하는 내내 슬픈 표정으로 옆에 앉아 있던 부인의 모습이 기억난다. 부인은 입을 굳게 다물고 무슨 생각을 하고 있었을까. 일부일처제라는 말을 들먹이지 않아도, 부인은 분명 참담한 심정이었을 것이다. 이들에게 결혼이란 무엇일까. 부인에게는 어떤 위로의 말을 드려야 할지 오래 고민했다.

상담자 남편 이사 방향을 알고 싶어 왔습니다.

선생님 이사하면 그 집에서 짧게 살 것 같네요.

상담자 아내 살던 집을 놔두고 전세로 옮기려고요.

선생님 남편분의 작년 운이 좋지 않아서 관재구설 운이셨네요.

상담자 남편 사실은 그 관재구설 때문에 급하게 이사하게 되었어요. 언제까지 관재구설이 있을까요?

선생님 올 상반기까지는 이어질 운이시네요. 관재구설 내용을 자세히 말해 주시면 더 상세한 상담이 가능하겠어요.

상담자 남편 사실은 제가 여자를 만났습니다. 딱 한 달밖에 만나지 않았어요. 만나다 보니 여자가 집착하는 것 같아서 헤어지려고 했습니다. 그런데 여자가 돌변하더군요. 처음엔 그냥 제 가정 지키게 하면서 내 옆에만 있겠다더니 어느 순간 욕심을 내기 시작했어요. 제 가정을 깨고 들어오려고 하는 거예요. 헤어지려고 하니 저희 집에 저희 관계를 알렸다고 협박을 하고 있고요. 제 직장에도 알려서 부서이동까지 해야 할 처지입니다. 언제까지 이 여자가 우리를 괴롭히려는지 알고 싶습니다. 법적 대응까지 해 볼까 고민 중이에요.

아내가 옆에 앉아 있는 상태임에도 불구하고 남편의 외도 이야기가 불편하게 시작되었다. 아내는 그냥 화장지로 눈물을 훔쳐내기만 하고 상담 내내 아무 말이 없었다. 남편은 모든 것을 상대 여자 탓으로 자기의 잘못을 돌리려 하는 모습이 보였다. 딱 한 달만 만났다는 것도 믿을만한 말은 아니었다고 본다. 그러나 옆에 앉아 있는 아내에게 마음의 상처가 더 갈까 봐 남편과 여자 문제에 대해 이야기하기가 조심스러웠다.

선생님 그 여자는 남편분을 진심으로 사랑했나 봐요? 그렇지 않으면 남편분이 헤어지는 과정에서 섭섭하게 했을 가능성도 있겠네요.

상담자 남편 네. 여자가 진심으로 제게 잘해 주었습니다. 자신에게 잘해 주는 여자에게 마음이 가지 않을 남자가 어디 있습니까? 그런데 그 여자가 정신이 좀 이상하다는 것을 만나면서 알았어요. 집착이 심해요.

선생님 남녀가 처음에 불이 붙을 때는 물불이 안 보이죠. 누구나 사랑을 시작하면 상대에게 집착하니까요. 마음이 한순간에 확 가기 때문입니다. 여자는 진짜로 마음이 움직인 것이고 남편께서는 적당히 거리를 두신 거예요. 재미로 만나고 싶으셨겠죠. 그러나 가까이 다가오는 여자가 부담스러우니까 집착한다고 느끼실 수 있으세요. 그런데 좀 비겁하세요. 그쪽 여자는 진심으로 사랑을 시작했고, 그것을 알면서 같이 만나다가 여자가 더 가깝게 다가서니 덜컥 겁이 나셨나 봐요? 괜히 코가 꿰이는 것 아닌가 싶으셨겠죠. 그래서 얼른 발을 빼려고 하니까 여자는 자신을 데리고 놀았다 싶으니 화가 나는 거고요.

상담자 남편 뭐, 그런 것 같습니다. 저는 그냥 만나기만 하려고 했죠. 그 여자도 그냥 곁에 있기만 한다고 해 놓고선 마음이 변하더라고요.

선생님 지금 그 말을 듣고 보니 저 같아도 화가 나겠네요. 물론 그 여자도 가정 있는 사람끼리 만남을 잘한 일을 했다고 할 수는 없지만, 남자가 사람 만나는 일을 그렇게 가볍게 생각하셨으니 책임감 없는 모습에서 진심으로 남자를 좋아한 그 여자는 당연히 화가 났겠죠. 여자가 남자의 심심풀이 땅콩은 아니거든요.

남편분은 가볍게 즐길 마음으로 만나셨겠지만 그 여자는 어느 순간 진심으로 좋아하게 되었을 거예요. 그러면서 욕심을 내게 되었을 거고요. 그 마음을 잘 다독여 주었으면 이런 사달이 안 일어났을 텐데 여자가 진심으로 다가서니 아차 싶어서 급하게 발을 빼려고 하신 거잖아요.

상담자 남편 그 여자가 자기 입으로 그랬어요. 자기 자신도 통제가 안 되는 불같은 성격이라고. 저는 잠깐 만나는 수준으로 생각하고 만났다니까요. 그런데 그 여자가 이렇게 일을 크게 만들고 스토커처럼 집과 직장에 알리겠다고 난리를 치잖아요.

선생님 그 여자가 불쌍하네요. 이런 비겁하신 분을 사랑해서 그렇게 파괴적인 행동을 하시는 것이 안타깝네요. 그리고 지금 이 순간 이 세상에서 가장 참담한 분은 곁에 앉아 계신 부인일 텐데 처음부터 지금까지 부인에게 미안한 모습은 안 보이시네요. 지금 당장 모든 것을 내려놓더라도 부인의 마음을 녹여 드려야 할 텐데 부인에 대한 부분은 전혀 고려하지 않고 계시는 것 같아요. 지금 주말부부 하시는데 여자 있는 곳에서 다른 곳으로 옮기는 것은 어떠세요? 그 여자가 있는 곳에서 떨어지는 것이 좋을 것 같아요.

상담자 남편 꿈이 시골 내려가는 거였습니다. 그런 이유로 장만한 집이라 놓기가 싫습니다. 한 달에 두어 번이라도 가는 별장으로라도 사용하면 안 될까요? 처분하기가 싫습니다.

선생님 지금 부인의 신뢰를 회복하는 것이 가장 먼저 해야 할 일인데 아직도 그곳의 집을 고집하시는 걸 보니 제가 더 답답합니다. 곁에서 상담하는 내용을 묵묵히 듣고 계시는 부인의 마음이 어떨지 전혀 고려하지 않으시네요. 저는 지금 세상에서 가장 어려운 상담을 한 것 같습니다. 부인을 곁에 앉혀놓고 남자의 외도문제를 상담해야 하는 상황이 정말 조심스럽고 어렵네요. 부인은 남편의 외도 때문에 이사해야 하는 것도 답답한 일인데 남편분이 이렇게 그 여자 성격 때문이라고 말만 되풀이하시니 비겁한 남편의 모습에서 더 실망하셨을 것 같습니다. 그 여자가 욕심을 내지 않았다면 계속 관계를 유지했을 거라는 말이기도 하네요. 아니면 남편분이 싫증이 났을 수도 있고요. 그 여자에게도 부인에게도 남편께서는 지금 비겁하십니다.

결혼 생활의 진정한 동력이 필요한 부인 K씨에게.

외도를 한 남편의 사주를 살펴보겠습니다. 큰 나무 甲木(갑목)으로 봄에 태어난 남자예요. 남자 사주 木(목)에게는 土(토)를 여자로 보죠. 사주에 土의 기운이 태어난 해를 나타내는 기둥에 하나, 태어난 시간에 하나씩 있습니다. 태어난 해의 土는 결혼하는 부인으로 보고, 태어난 시에 있는 土는 결혼 후 만나는 여성으로 볼 수 있고요.

남자의 수입은 잘 될 것이며 다른 여자 문제도 안고 있는 사주예요. 그런데 태어난 시에 있는 여자를 만나게 되면 겉으로는 合(합)을 하고 있는데, 안으로는 沖(충)이라는 깨뜨리는 기운이 있어요. 이 남자가 다른 여자를 가까이 하게 되면 재산손실이 있게 됩니다.

사주에서는 합과 충이라는 기운을 좋다, 나쁘다라고 단정할 수 없습니다. 합은 질병을 끌어오기도 하고, 만남을 끌어오기도 하기 때문이죠. 운이 오고 가는 가운데 좋은 것과 나쁜 것이 생기게 되는 것입니다. 이 세상 모든 것은 항상 양면성을 지니고 있어요.

알랭 드 보통은 〈낭만적 연애와 그 후의 일상〉에서 현실 사랑, 진짜 사랑을 이야기하고 있어요.

"결혼: 자신이 누구인지 또는 상대방이 누구인지를 아직 모르는 두 사람이 상상할 수 없고 조사하기를 애써 생략해버린 미래에 자신을 결박하고서 기대에 부풀어 벌이는 관대하고 무한히 친절한 도박"46

우리는 낭만적인 사랑의 완성을 꿈꾸며 결혼을 합니다. 그러나 결혼 후 일상은 별것 아닌 일들로 채워지고, 서로를 제대로 이해하지 못한 것에 대한 오해가 쌓이고, 모두 상대 탓인 것만 같은 상황들 속에서 서로는 지쳐가죠. 자식의 양육과 끝없는 돈 걱정이 이어지면서 사랑의 한계를 깨달아 갈 즈음.

"마치 오랫동안 죽었다고 생각해온 그 자신의 어떤 자아에 다시 접근할 수 있도록 승인받는 느낌"을 주는 또 다른 상대를 만나게 됩니다. "자신만의 매력에 의구심을 품고 타인에게 받아들여질 만한 존재인지를 계속 알아내야만 하는 애처롭도록 불안정한 남자들"47은 위험한 일을 벌입니다.

"배우자에게 무관심하기 때문에 불륜에 뛰어드는 경우는 드물다. 파트너를 배신하는 수고를 들이려면 대개 파트너에게 깊은 관심을 갖고 있어야 한다."

남자의 변명은 "그와 그의 아내가 최근 들어 포옹하는 것을 극도로 어려워한다는 사실, 썩 정당하진 않지만 그 마음속으로 그 때문에 상처를 받았고 화가 치밀었다는 사실 이상도 이하도 아닌 것"[48]이라고 합니다.

그러면서 남자들은 무엇보다 안전을 갈망해요. 식탁에 둘러앉아 아내가 차려준 저녁을 먹는 특별한 아늑함을 포기하지 못하죠. 아이들은 재잘거리고 욕망을 표출하는 드라마를 같이 보다가 잠이 드는 일상의 안전을 지키고자 합니다.

하지만 동시에 남자들은 모험을 동경하기도 해요. 낯선 장소에서 모르는 사람들 속에서의 격정, 흥미, 불장난에 잠시 마음을 빼앗기기도 합니다.

"우리의 낭만적인 삶은 슬프고 불완전하게 끝날 운명이다. 우리가 강력히 정반대 방향을 가리키는 두 가지 근본적인 욕망에 따라 움직이는 존재이기 때문이다. 더 곤란하게도 우리는 유토피아적으로 이 분열에 수긍하기를 거부하고, 대가 없이 어떻게든 일치점을 발견할 수 있으리라고 순진하게 소망한다. 자유사상가가 모험을 추구하며 사는 동시에 외로움과 혼란을 피할 수 있고, 결혼한

낭만주의자들이 섹스와 애정, 열정과 일상을 통합시킬 수 있다고 말이다."[49]

그러나 외도로 만나게 된 다른 사람의 삶 속은 새롭지만 자신의 결혼 문제를 회피할 뿐 어떤 희망도 가질 수 없는 허상이라는 것을 깨닫습니다. 모든 사람에게 상처를 안겨주는 잔인한 것이라는 것을 알게 되죠.

"아무것도 희생되지 않는 깔끔한 해결 방안은 어디에도 없다. 모험과 안전은 양립할 수 없다는 걸 그는 알았다. 사랑이 넘치는 결혼 생활과 아이들은 자연스러운 성욕을 죽이고, 외도는 결혼 생활을 죽인다. 두 패러다임이 아무리 매력적이라 해도 자유사상가인 동시에 결혼한 낭만주의자가 될 수 없다. 그는 어느 쪽의 손실도 가볍게 보지 않는다."[50]

K씨.

지금 둘만의 기쁨인 결혼 생활을 배신한 외도 때문에 남편에 대한 실망이 크실 거예요. 제도로서의 결혼이 여기서 힘을 발휘해야 하는 순간이죠.

"젊었을 때 결혼 생활을 감정(애정, 욕구, 열정, 갈망 등)에 대한 축성으로 여겼다. 그러나 관계자들의 감정에 잠깐씩 일어나는 그 모든 변화에 낱낱이 주목하지 않고 한 해 한 해 굳건히 버틸 수 있도록 해주기 위해 존재하는 제도로서 말이다. 결혼 생활의 정당성은 감정보다 더 견고하고 지속적인 현상들, 즉 나중에 수정 불가한 최초의 약속 행위, 그리고 무엇보다 자신들을 창조한 사람들의 일상적인 만족에 대한 무관심을 타고난 자식들이라는 존재에 있다."[51]

"결혼은 사랑을 완성시켜주기 위해서가 아니라 변덕스런 삶에서 사랑을 지속시켜주기 위해 존재하는 것"[52]이라 합니다.

"결혼을 하고, 난관을 겪고, 돈 때문에 자주 걱정하고, 딸과 아들을 차례로 낳고, 한 사람이 바람을 피우고, 권태로운 시간을 보내고, 가끔은 죽이고 싶은 마음이 들고, 몇 번은 자기 자신을 죽이고 싶은 마음이 들 것이다. 바로 이것이 진짜 러브스토리이다."[53]

영원한 사랑도 완벽한 사람도 존재하지 않아요. 완벽한 인생도 없죠. 잠깐의 욕망에 눈을 돌린 남편도 완벽하지 않은 사람이라는 것을 알았으니 이번 일이 두 분 사이에 새로운 자극으로나마 남기를 바라게 되네요.

#4

아가씨, 유부남에게 속지 마세요

_불륜남의 젊은 내연녀 시점

◇◇◇◇◇◇◇◇◇◇◇◇◇◇

순진하다고 해야 할까, 무모하다고 해야 할까. "아직은 어리다"는 말을 수없이 들을 법한 나이의 아가씨가 상담을 하러 왔다. 유부남과 만남을 이어오고 있는데, 사랑을 넘어 그와 평생 함께하는 삶을 꿈꾸고 있었다. 이런 안타까운 사연을 수도 없이 받는다. 그리고 거짓말처럼 유부남의 수법이 전부 똑같다. 그녀는 유부남이 전형적으로 하는 거짓말을 믿었다가 배신당해 상처 받았을 뿐이다. 그러나 이미 세상의 눈으로는 그저 경솔한 사람이 되어 있었다.

선생님 사주에 부부궁이 약해서 이혼했거나 미혼일 가능성이 높네요. 아직 미혼이신가요?

상담자 네. 아직 결혼 못 했습니다. 올해 저의 운이 어떤가요?

선생님 오지랖 부리는 해이면서 구설을 조심하셔야겠네요.

상담자 제게 법원 일이 있을까요?

선생님 꼭 법원 일까지는 아니네요. 그러나 구설은 있어요. 왜요?

상담자 사실은 제가 1년쯤 사귄 유부남이 있습니다. 처음에는 그 남자가 일방적으로 저의 뒷조사를 하면서 따라다녔어요. 그러다가 저도 마음을 주게 되었고요. 사귀는 동안 언제나 이혼할 거라고 하더니 이젠 전혀 그럴 것 같지가 않아요.

선생님 이혼하겠다는 말을 믿으셨어요? 유부남들이 잘 쓰는 말이 있습니다. 첫째, 부인과 사이가 나쁘다. 둘째, 부인과 잠자리를 하지 않고 각방을 사용한다. 셋째, 곧 이혼할 예정이다.

상담자 다른 사람들도 그래요? 맞아요. 저에게 부인과 사이가 좋지 않아서 곧 이혼할 생각이라고 했어요.

선생님 그랬군요. 그런데 우리나라 유부남들은 다른 나라에 비해 이혼에 대한 생각이 대단히 보수적이래요. 심지어 아내가 바람을 피웠어도 가정이라는 울타리는 지키고 싶어 한대요.

상담자 저는 그 사람 말을 믿었죠. 그런데 이혼할 것이라는 말은 항상 하면서도 전혀 그럴 기미가 보이지 않는 거예요.

선생님 만약에 이혼하고 오면 같이 살 생각을 하셨나요?

상담자 네.

선생님 저런!! 이미 한 번 신뢰를 져버린 남자를 어떻게 믿고 같이 살 생각을 했을까요? 그 사람이 이혼하고 아가씨가 그의 아내 자리에 들어갔을 때 본인을 다시 버리고 떠날 수 있다는 생각은 안 하셨나요? 한 번 아내를 떠난 사람이 두 번 세 번 그러지 않을 수 있을까요? 나만 그 사람에게 특별할까요?

상담자 그런 생각 안 해 봤어요. 그저 이혼하면 같이 살겠지 싶었죠.

선생님 잘 모르셨네요. 그 남자가 아가씨 때문에 이혼한다면 그 남자의 부인에게 죄를 짓는 것이고, 그 남자가 아내를 떠나 정말 본인에게 왔다면 절대로 받아들이면 더더욱 안 되는 일입니다. 아가씨도 그의 아내처럼 배신당할 확률이 높으니까요.

상담자 그런 생각을 못 했어요. 이번에 제가 그의 아내에게 문자를 보냈습니다. 우리가 사귀는 것을 알리는 문자였어요.

선생님 네? 어쩌자고. 전화번호는 어떻게 알고?

상담자 얄밉잖아요. 이혼한다더니 이혼은 안 하고 내가 세컨드도 아니고 헤어지자고 하니까 헤어지지도 않아서 그 남자에게도 얄미운 생각이 들어서 확 보내버렸어요.

선생님 유부남들이 아가씨 같은 사람과 사귀다가 왜 헤어지겠습니까? 여자가 전문적인 자신의 일을 가지고 있어서 남자 입장에서 특별히 경제적인 것 신경 덜 써도 되고 만나면 잘해 주고 같이 돈도 써주고 잠자리할 수 있고, 남편 없는 여자이니 신경 쓸 일 없는데 헤어지자 한다고 헤어지겠습니까?

여기 그런 상담 많이 와요. 한결같이 유부남인 남친이 이혼한다더니 정말 이혼할 것인가, 언제쯤 할 것인가를 물으러 오죠. 아가씨도 지금 다른 아가씨들과 같은 상담을 하고 계신 거예요. 얄밉다고 질투난다고 화난다고 그런 일을 하신 것은 너무 나가셨네요.

상담자 사실 저도 보내놓고 후회하고 있어요. 그 사람 아내에게 온 문자들이 저를 수사해서 소송 걸겠다고 하는 내용이에요. 제가 알아보니까 간통죄는 없어졌어도 민사소송이 가능하더라고요.

선생님 네. 작은 단서만 있어도 손해배상을 청구할 수 있다고 해요. 그런데 그 단서를 직접 제공해 주셨으니 실수였다고 봅니다.

상담자 부인이 정말 제게 민사소송을 걸까요?

선생님 아마 아닐 겁니다. 겁주는 말일 것 같네요. 그 남자가 수습할 것 같아요. 그 부부가 만약 이혼한다면 당연히 손해배상청구를 하겠지만 이혼까지는 가지 않을 거예요.

상담자 몇 년 전에도 그 남자에게 같은 일이 있었는데 잘 넘어갔다 했어요. 그런데 그 남자가 그 뒤로 연락이 없네요.

선생님 저런!! 이 상황에서 그 남자 연락을 기다려요?

상담자 그렇게 좋아한다고 따라다녔는데 왜 전화를 안 하고 연락이 없는지 모르겠어요.

선생님 제가 다 어이가 없네요. 자신의 아내에게 자신의 불륜을 직접 일러바친 여자에게 또 연락을 하는 남자가 있을까요? 남자들이 바람피우다가 들켰을 때 연락을 안 하는 이유는 두 가지라고 보면 돼요. 이쪽 여자를 보호하기 위해 자신의 아내에게 한동안 최선을 다하는 것일 수도 있고, 정말 급해져서 얼른 마음을 거두어 가는 경우일 수도 있어요. 지금 그 남자는 이런 상황을 만든 아가씨에게 화나고 황당하고 미운 오만가지 생각이 있을 텐데 그 남자에게 예전처럼 다시 연락이 오기를 기다린다는 것이 이해가 안 되네요.

상담자 저는 그 아내가 알면 이혼하고 내게 오리라는 기대와 이혼한다면서 이혼도 안 하고 자기 가정 지키면서 나를 만나는 욕심에 화가 나기도 했어요. 제가 어리석었다는 것을 오늘 알았네요. 이번 일이 잘 지나갈 수 있도록 저를 위해 기도를 좀 해 주세요.

선생님 유부남과의 만남은 온전히 자신의 사람이 될 수가 없습니다. 유부남들에게는 지켜야 할 것들이 아주 많죠. 아가씨가 아프다고 밤중에라도 달려와 줄 수 없고, 아가씨는 언제나 기다리는 사람이 될 수밖에 없고, 그 남자에게 절대로 첫 번째가 될 수 없어요. 0순위도 1순위도 아닌 영원한 2순위일 수밖에 없는 것이 유부남과의 만남인 거죠.

속지 마세요. 유부남들이 말하는 '이혼할 것이다. 부인과 사이가 나쁘다'는 감언이설에 속지 마세요.

남이 가진 행복에 질투하는 O양에게.

O양의 사주를 보기 전에 바람기가 있는 남자 사주는 어떤 것이 있을까 살펴볼게요. 남자 사주에 여자를 뜻하는 기운이 여러 개 있는 사주, 도화살이나 화개살을 강하게 가지고 있는 사주, 도화살이나 화개살이 여자를 뜻하는 기운과 겹쳐 있는 사주, 남자에게 여자를 뜻하는 기운이 전혀 없는 사주 등을 바람기가 있다고 해요. 이런 사주의 남자들은 이성에 대해 관심이 많고 스스로 찾아다니죠.

유부남의 사주는 여덟 글자가 모두 陰(음)으로 이루어져 있습니다. 卯月(묘월-양력 3월)에 작은 불 丁火(정화)로 태어났어요. 卯木(묘목)과 丁火(정화)는 도화기운이에요. 그 외에도 癸水(계수), 乙木(을목), 酉金(유금)으로 도화기운이 가득하게 구성되어 있고요. 절대로 한 여자만 바라보고 살 수 없는 구조에요. 결혼하면 부부풍파가 예상되는 사주입니다. 더욱이 이 사주는 예쁘고 젊은 여자를 원하는 경우가 많아요.

O양의 사주는 오히려 강한 陽(양)의 기운을 가지고 있습니다. 큰 땅 戊土(무토)인데 태어난 월인 亥水(해수) 안에 남성의 기운을 나타내는 甲木(갑목)이 숨어 있어요. 亥水(해수) 위에는 己土(기토)가 앉아 있고요. 己土는 나와 같은 흙이니 같은 여자예요. 己土 아래에 있는 亥水 안의 甲木(갑목)은 다른 여자의 남자입니다. 결혼 전 유부남과 인연이 들어선 이유죠. 甲木은 己土를 더 좋아하기 때문에 戊土의 것이 아니에요.

강한 陽(양)의 기질인 O양이 아무리 노력해도 유부남은 아가씨에게 올 수 없어요. O양의 사주는 내 것과 남의 것을 구별하라고 가르쳐주고 있네요.

〈사랑을 주세요〉의 저자 츠지 히토나리와 〈보바리 부인〉의 저자 귀스타브 플로베르는 이런 이야기를 해 주네요.

"사랑이란 없어. 사랑이 무엇인지 정확히 모르니까 단정할 수는 없지만, 내가 그 사람에게 원하는 건 사랑이라든가 연애감정이라든가 그런 게 아니야. 내 마음이 어떤지 전혀 갈피를 잡지 못한 채 나는 그저 매달리듯 그 사람에게 안겼어. 그러니까 이건 흔히 말하는 불륜인 셈이지."**54**

"그때 그녀는 예전에 읽었던 여러 가지 책의 여주인공들을 생각해 냈다. 그러한 불륜의 사랑을 하는 여자들의 서정적인 한 무리가 그녀의 기억 속에서 자매들과 같은 매혹하는 목소리로 노래를 부르기 시작했다. 자신도 이러한 공상의 일부가 되어버려서 자신이 그토록 부러워했던 사랑하는 여자의 전형으로 되어버린 것 같은 기분으로, 젊었을 때 언제나 그렸던 몽상을 실현하고 있는 것이었다."[55]

문제는 사랑이란 무엇인가 하는 거죠. 내가 진정으로 누군가를 사랑했다고 하는 것이 진짜 사랑이었을까 의문이 들 때도 있어요.

"처음에는 완전히 사랑에 취해서 그것 이외의 일은 아무것도 생각하지 않았다. 그러나 지금처럼 사랑이 생활에 없어서는 안 되는 것이 되고 보니 이 사랑이 조금이라도 약해지지 않을까, 혹은 어떠한 방해물이 생기지나 않을까 하는 걱정이 되었다."[56]

불안하고 초조하고 사랑을 잃을까 전전긍긍하게 되면서 사람은 상대에게 집착하게 돼요.

"사랑이 범람하는 요즘 시대에는 더더욱 사랑과 진지하게 마주하는 게 옳다고 생각해. 어떤 호기심 같은 것에서 시작된 행위가 아닐까? 행복이라는 것을 너무 모른 채 살아온 우리들이 잠시 남의 행복의 향기를 맡아보고 싶었던 것에 불과해. 그렇다면 그 관계는 얼마 못 가 끝날 거야. 그저 행복을 맛보고 싶다는 마음에서 가졌던 관계라면 여기서 그만 두는 게 너를 위해 좋지 않겠니?"[57]

'어떻게 사랑이 변하니?'

사랑이라는 것도 생성과 소멸을 겪습니다. 어느 한쪽에서는 아무리 끓어오르던 사랑도 서서히 식어 가죠.

"그는 그녀에게 사랑받고 있다는 확신을 가지게 되자 더 이상 거리낄 것이 없었다. 그리고 저도 모르는 사이에 태도가 점점 달라져 갔다. 그는 이젠 이전처럼 그녀를 감격시킬 만한 달콤한 말도 하지 않았고 또 그녀를 미치게 할 열렬한 애무도 하지 않았다. 그녀는 여전히 두 사람의 끝없는 사랑 속에 잔뜩 잠겨서 지내고 있는 줄 알고 있었는데, 언제부터인지 그 사랑은 마치 냇물이 강 밑바닥의 흙속으로 빨려 들어가는 것처럼 그녀의 발목까지 줄어들어 끝내는 바닥의 흙이 보이게 되었다. 그녀는 그것을 믿으려 하지 않고 더욱 더 애정을 쏟았다. 그러자 그는 점점 더 냉담해졌다."[58]

O양이 무모하게 남자의 부인에게 자신의 존재를 알린 것은 식어가는 사랑에 대한 위태로운 마음에서 일어난 행동이에요. 그것

은 이미 O양의 마음에 원한이 생긴 거예요. 남이 가진 행복에 대한 복수심이 그 가정을 깨고 싶다는 욕망으로 나타난 거고요. 그것은 이미 사랑이 아닙니다.

"네가 지금 보고 있는 건 그저 환상에 지나지 않아. 알겠니? 사랑을 해야 해. 연애는 조금 더 있다가 해도 좋을 테니까 우선 사랑을 하자. 사람들 사이로 나가서 진정한 사랑을 찾는 거야. 물론 네 나이에 적합한 사랑만이 사랑은 아닐 거야. 어쩌다 결혼한 사람을 사랑하게 되었다 해도 나는 그건 그것대로 괜찮다고 생각해. 그러나 사랑이 식어버린 상대를 붙들고 있으려는 건 가장 나쁜 거야. 인간은 도구가 아니지? 역시 사랑하는 마음이 있어야겠지?"[59]

O양.

인간의 수만큼 다양한 행복이 있어요. 인간의 수만큼 각각 똑같은 무게의 의미도 있답니다. 미혼인 O양이 유부남인 남자와 사랑 때문에 자신의 소중한 삶을 진흙탕으로 끌고 가기엔 O양이 너무나 소중한 존재예요. 남이 가진 행복의 냄새만 맡지 마시고 O양만의 사랑을 찾기 바라요.

#5

유부녀와의 관계를 들켰을 때
_불륜녀의 내연남 시점

◇◇◇◇◇◇◇◇◇◇◇◇◇◇

"오빠!!! 큰일 났어. 오빠가 걱정하던 일이 생겼어. 남편이 오빠 문자 봐버렸어. 오빠! 남편이 찾아갈 텐데 그냥 오빠가 좋아서 따라다녔다고 해주면 안 돼?"

이 통화가 마지막이었다고 한다. 남자는 답답한 얼굴로 사연을 털어놓았다. 전화를 받은 그 날 오후 여자의 남편이 칼을 들고 찾아왔고 남자의 아내에게도 알리겠다고 협박했다고 한다. 여자의 남편은 그 자리에서 다시는 만나지 않겠다는 다짐을 받은 뒤, 이사가라는 말을 남기고 갔다. 그 후로 일주일이 지났다. 남자는 얼마든지 여자를 위해서 자신이 희생할 수 있다고 했다. 여자가 원하는 대로 자신이 좋아했노라 말을 했고 미친놈 죽일놈 소리를 들으며 온갖 협박을 당하면서도 참았다. 그런데 시간이 흐를수록 숨이 막힐 듯이 답답한 마음과 여자를 향한 배신감이 커졌다.

상담자 선생님. 그 여자가 저를 갖고 논 것일까요?

선생님 그렇지 않을 거예요. 다만 남자가 좋아했다고 말해야 여자가 남편에게 덜 당할 것 같으니까 그렇게 말해 주길 바랐겠죠.

상담자 그러면 어느 정도 시간이 흘렀는데 왜 전화 한 통 안 할까요. 내가 걱정하고 있겠다는 생각은 안 할까요?

선생님 전화할 상황이 안 되겠죠. 여자의 핸드폰을 남편이 가지고 있을 수도 있고, 남편에게 된통 당하고 있을 수도 있고요. 아직 여기까지 챙길 정신이 없겠죠.

상담자 저라면 어떻게든 전화 한 통 정도는 해 줄 것 같아요. 회사 전화도 있고 다른 사람 전화도 있잖아요. 제가 모든 것을 뒤집어썼다는 걸 알잖아요. 물론, 얼마든지 제가 희생할 수는 있어요. 평소에 남편과 이혼해야겠다고 입버릇처럼 말하고 다닌 사람이에요. 제가 '폰 관리 좀 하라'고 그렇게 말했는데도 '이혼하면 되지'라는 식으로 말했어요. 그런데 막상 일이 터지니까 자신은 싹 빠져나가고 연락도 없네요. 꼭 저를 가지고 논 것 같아요. 사실은 핸드폰이 발각되기 전날 밤, 갑자기 질투가 나더라고요. 여자가 남편과 같이 있다는 생각을 하니까 괜히 심술이 나서 '에라! 콱 들켜버려라'라는 생각을 했어요. 그리고 다음날 이런 일이 터지니까 마음이 더 안 좋네요.

상담자 저런!! 아무리 좋아하는 마음이 강하다고 해도 상대의 가정을 지켜 줄 생각을 해야지 나쁜 마음까지 가지셨군요. 질투네요. 상담해 보면 사람들이 이런 경우 처음엔 불안하고 답답하다가 점점 배신감으로 변하나 봐요. 지금 남녀 이별을 겪는 분들이 느끼는 감정의 순서를 그대로 따라가고 계시는 것 같아요. 그런 핑계라도 대면서 미워하는 감정을 가져야 견딜 수 있으니까요. 다른 분들도 좋아하는 감정이 흘러넘치다가 어떤 계기로 인해 갑자기 감정의 흐름이 멈추면 미칠 것 같다고 호소를 하시더라고요. 답답해서 숨이 안 쉬어진대요. 그러면서 상대를 걱정하는 마음과 헤어질까 봐 불안한 마음, 보고 싶은 마음, 후회와 미움, 원망의 감정 등 오만가지 감정을 같이 느끼더라고요. 혼란스러워 하세요.

상담자 제게 그렇게 전화했으면서 제가 걱정하고 상처받았으리라는 생각을 안 할까요? 그런 생각이 들 때면 여자에게 이용당한 것 같다는 생각에 미칠 것 같아요. 내가 좋아하고 의지하게끔 해놓고 어떻게 이럴 수가 있습니까?

선생님 아마 지금 여자는 본인 가정 챙기기도 어려워서 그럴 거예요. 남편에게 얼마나 당하고 있을지. 여자가 바람피우다가 들키면 남편들에게 많이 당해요. 남편의 폭력에 시달리기도 하고 자식들 앞에서 '니 엄마 바람피운 년'이라는 말을 쏟으며 못 볼꼴을 보이기도 해요.

너무 원망하는 마음을 갖지 마시고 마음을 다스려 보세요. 본인 가정도 지켜야 하잖아요. 집에 있는 아내가 이 사실을 알면 얼마나 속상하겠어요. 좋아하고 기다리는 감정의 흐름을 어쩔 수 없지만 마음을 자꾸 다스리세요.

상담자 답답해서 너무 견디기가 힘들어서 하는 소리예요. 여자를 위해서 다 감수하겠다고 하면서도 전화가 없으니 원망하고 이용당했다는 의심이 드는 제가 밉네요.

가짜사랑과 진짜사랑 사이에서 헤매고 있는 P씨에게.

P씨의 사주를 보면 午月(오월-양력 6월)에 태어난 癸水로 태어난 남자입니다. 계절이 뜨거워지기 시작한 여름이죠. 사주는 남의 편인 큰 나무, 작은 나무와 큰 흙, 작은 흙, 큰 불로만 구성되어 있어요. 癸水(계수)의 내편인 金(금)과 水(수)의 기운은 하나도 없습니다. 사주가 아주 약해요.

P씨에게 태어난 월 午火(오화)는 여자, 재물을 뜻해요. 또 도화 기운이에요. 다정다감한 성품이라 이성에게 인기가 있습니다. 그런데 여자든, 재물이든 힘이 있어야 지킬 수 있어요. 사주가 약하니 오히려 이성 관계와 재물이 문제를 일으키죠. 이런 사주가 결혼 후 밖에서 여자를 만나면 많은 문제가 예상됩니다. 여자를 가까이 하지 않는 것이 좋아요.

이기주는 〈언어의 온도〉에서 이런 이야기를 합니다.

"영화 〈종이 달〉의 주인공 리카는 평범한 은행원으로 일하며 조금은 지루한 일상을 살고 있다. 그러던 어느 날 백화점에서 충동적으로 화장품을 구매한 그녀는 얼떨결에 고객 예금에 손을 대면서 걷잡을 수 없는 나락에 빠진다. 아슬아슬한 일탈을 이어나간다.

영화의 제목이기도 한 '종이 달'은 무슨 뜻일까. 과거 일본에 사진관이 처음 생길 무렵, 초승달 모양의 가짜 달에 매단 채 한껏 폼을 잡고 가족사진을 찍었다. 그래서 종이 달은 가족이나 연인과 보낸 가장 행복한 순간을 의미한다고 한다. 영화에서 가장 인상 깊은 장면은, 횡령한 돈을 흥청망청 쓰고 집으로 향하던 리카가 새벽하늘에 걸려 있는 초승달을 지그시 바라보는 순간이다.

이는 관객들에게 '훔친 돈으로 누리는 행복도 행복일까, 가짜 행복일까?'라는 질문을 던지는 것처럼 보인다. 글쎄다. 리카의 행복은 진짜도 가짜도 아닌, 어쩌면 사이비 행복이 아닐는지.

사이비.

비슷하지만 가짜인 것을 의미한다. 물건으로 치면 정교한 모조품이다. 사이비는 진짜와 비슷하다. 그래서 때로는 진짜와 구별하기 어렵고 때로는 진짜보다 더 진짜 같기도 하다. 하지만 사이비의 생명은 짧다. 유통기한이 그리 길지 않다. 진실한 것이 아니기에 언젠가는 그 실체가 탄로 나고 만다. 물건도 그렇고, 사람도 그렇고, 감정도 그렇다."[60]

P씨.

지금 유부녀인 그녀에게 느끼는 사랑이 진짜일까요? 집 안에 있

는 부인에 대한 사랑이 진짜일까요? 사람의 마음에는 층위가 있다고 해요.

어느 층위에서는 부인을 사랑하고, 또 다른 어느 층위에서는 유부녀인 그녀에 대해 따뜻한 마음을 갖고 있죠. 또 어느 층위에서는 P씨가 이 모든 걸 의식하고 있을지도 몰라요.

지금 P씨의 마음은 여러 층을 오르내리는 승강기에 비유할 수 있어요. 알랭 드 보통의 〈우리는 사랑일까〉에서 승강기에 잘 비유해 주고 있지요.

"층마다 독특한 일이 일어났고, 승강기는 논리적인 연속성 없이 각 층을 옮겨 다니고 있습니다."[68]

각 층에 서로 다른 사람들이 관련된다는 것이 그저 유감스럽지만요.

"단편소설의 거장으로 꼽히는 안톤 체호프가 쓴 희곡 중에 '벚꽃 동산'이란 작품이 있다. 19세기 러시아 봉건 귀족 사회가 붕괴하고 신흥 부르조아가 부상하는 과정을 날카롭고 처연하게 그린 작품이다. 몰락한 지주 라네프스카야는 호화로운 파리 생활을 청산하고 가족과 함께 고향으로 돌아온다. 하지만 남은 거라곤 곧 경매에 부쳐질 벚꽃 동산뿐이다. 하필 왜 벚꽃 동산일까. 안톤 체호프는 어떤 이유에서 벚꽃 동산을 희곡의 무대로 삼은 것일까.

내 생각은 이렇다. 한껏 흐드러지게 피다가 일순간 꽃비를 흩뿌리며 사라지는 벚꽃이, 짧디 짧은 우리네 인생과 닮았기 때문이 아닐지."[62]

지금 P씨가 유부녀인 그녀에게 느끼는 감정이 일순간에 사라질 벚꽃 같지는 않을까요.

"살다보면 누구나 낡은 것과 새로운 것 사이에서 고민해야 하는 선택의 기로에 들어서기 마련이다. 정해진 길이 없는 곳을 걸을 때 중요한 건 '솔직함'이 아닐까 싶다. 눈치와 코치에 연연하다 재치 있는 결정을 내리기는커녕 삶을 그르치는 이들을 나는 수없이 봐 왔다. 가끔은 마음속에 도사리고 있는 내 욕망과 상처를 끄집어내 현미경 들여다보듯 꼼꼼하게 관찰해 봄직하다. 솔직히 말해, '솔직하기' 참 어렵지만 그래도 시도는 해봐야 한다. '남'을 속이면 기껏해야 벌을 받지만, '나'를 속이면 더 어둡고 무거운 형벌을 당하기 때문이다.

후회라는 형벌을."[63]

사람은 자신에게 어울리는 길을 갖고 있어요. P씨가 지금 열망하는 사랑의 길은 자신과 어울리지 않는 가짜의 길이죠.

"영화나 동화 속 사랑은 기적을 만들어내지만, 현실의 사랑은 그리 녹록하지 않다. 사랑은 만병통치약이 될 수 없다. 사랑은 때때로 무기력하다. 사랑이 우리를 행복하게 해주기는커녕 오히려 사랑 때문에 고통의 나날을 보내야 하는 경우도 허다하다. 다만 사랑은 동전의 양면 같은 성격을 지닌다. 우리를 절망의 구렁텅이로 들이밀기도 하지만, 그 구렁텅이에서 건져 올리는 것 역시 사랑이라는 이름의 동아줄임을 부정할 수 없다. 우리를 망가뜨리지 않는 사랑은 우리를 강하게 만든다. 사랑의 가치를 부정할 수 없는 이유도 여기에 있지 않을까?"[64]

지금 열렬히 빠져 있다고 믿는 유부녀와의 사랑은 P씨를 구렁텅이로 밀어 넣는 사랑 같네요. P씨뿐 아니라 그녀의 남편도 두 분의 관계를 알게 되면서 절망과 배신감에 빠졌고요.

이제 집에 계시는 부인의 사랑만이 P씨를 구렁텅이에서 끌어올려 줄 동아줄임을 아셨으면 좋겠습니다. 가짜 사랑은 멈추세요.

| 3장 |

내 운명은 어떻게 풀릴까? ;마음운

한 사람이 사랑의 역사를 이야기할 때 이처럼 가슴 아픈 구절이 또 있을까 싶었다. "나를 좋아해 주는 사람을 사랑한다."는 말은 "타인에게 욕망의 대상이 되는 일에 지극한 만족감을 느낀다."는 뜻이고, 또한 "나 자신의 욕망을 스스로 돌볼 줄 모른다."는 뜻일 것이다. 나아가 "내가 사랑을 느끼는 대상이 무엇인지 정확히 모르며, 그리하여 내 사랑을 찾기 위해 적극적으로 노력해본 일이 없다."는 뜻과 같을 것이다. 결국 "나 자신을 사랑하고 소중하게 여길 줄 모른다."는 뜻과 닿아 있을 것이다.

#1

남자의 생각은 출발부터 다르다

◇◇◇◇◇◇◇◇◇◇◇◇◇◇

육아를 해본 사람만 알겠지만, 육아라는 것이 여간 힘든 일이 아니다. 새벽부터 칭얼대는 아기를 하루 종일 달래다보면 몸도 마음도 지친다. 잠이라도 실컷 자봤으면, 밥이라도 제대로 먹어봤으면, 화장실이라도 제때 갈 수 있었으면 하는 소망조차 사치로 느껴진다. 잠깐씩 쪽잠만 겨우 자는 생활을 몇 달이고 지내면 우울증이 올 수도 있다. 이럴 때 남편의 손길이 필요하다. 그래서 남편에게 공동 육아를 부탁해보지만 아빠와 엄마는 아기를 바라보는 관점이 달라 쉽게 해결되지 않는다.

상담자 저와 남편은 같은 공무원이에요. 남편과 지난 일 년 동안 엄청 싸웠네요. 혹시 저희 부부 이혼운이 있나요?

선생님 싸운 이유가 뭔가요? 혹시 남편의 예민한 성격이나 마마보이 같은 행동 때문인가요?

상담자 그것도 있어요. 남편은 무슨 일이 있으면 시어머님부터 찾아요. 스스로 해결하지 않고 어머님께 연락을 드려요. 그게 성인이 돼서 할 일은 아니잖아요.

선생님 그렇죠. 또 왜 싸우시나요?

상담자 저희에게 돌이 안 된 아들이 있어요. 남편이 청소와 밥 정도는 해 먹어요. 그런데 육아를 전혀 안 하려 해요. 그러면서 둘째를 낳자고 그래요. 둘째가 생긴다면 제 남편이 변할까요?

선생님 남편은 변하지 않아요. 아니, 사람은 변하지 않아요. 특히 성인 남자는 더더욱 변하지 않아요.

상담자 저는 육아휴직 중인데 14개월이 넘어서면 복직해야 해요. 남편은 퇴근해 돌아오면 쉬려고만 해요. 그리고 컴퓨터 앞으로 쪼르르 가서 앉아요. 그때 아니면 컴퓨터게임 못한다면서. 하루 종일 일하고 온 것은 알겠는데 나도 24시간 아이 때문에 밥도 제대로 못 먹고 잠도 못 자고 세수도 못 하고 화장실도 마음 편히 못가요. 그런데 남편은 신경 쓰지도 않아요.

선생님 그래서 독박육아라는 단어를 쓰나 봐요. 그런데 두 분은 아마 생각의 출발점이 다를 거예요. 여자는 아기를 뱃속에서부터 키우잖아요. 낳기 전부터 몸의 일부였어요. 그러니 자연히 내 몸처럼 돌보죠. 반대로 남편은 자신의 고통 없이 갑자기 새 생명이 눈앞에 생긴 거예요. 핏줄이라고 하지만 아직 마음속 깊은 곳까지 받아들인 건 아니에요. 낯선 존재인거죠. 애정의 깊이가 다른 이유기도 해요.

또 여자는 육아와 집안일은 두 사람이 같이 해야 하는데 남자는 육아와 집안일을 도와준다고 생각하죠. 직장을 부부가 같이 다녀도 남자는 도와준다고 생각하니 주체적이지 않고 시키는 일이나 겨우

하는 거예요. 육아와 집안 일이 공동책임이라는 인식이 없는 거죠. 당연히 여자 입장에선 불만이 쌓이고요.

상담자 맞아요. 딱 그거예요. 도와주는데 왜 화를 내느냐고 그래요. 내 새끼지만 자기 새끼이기도 하잖아요. 왜 도와준다고 생각하는지. 힘들면 시어머님이나 친정어머니 부르래요. 그게 말이 돼요?

선생님 도와준다고 생각해야 책임감이 줄어들어요.

상담자 그러면서 둘째를 낳자고 그러네요. 남편이 변하지 않으면 둘째는 낳을 수 없어요. 혼자서 아기 키우고 집안일 하는 것 너무 힘들어요. 저도 직장인이잖아요.

선생님 그러게요. 아직도 육아의 어려움을 여자들이 대부분 짊어지고 가야 하니까 여자들이 아이 낳기를 꺼리는 줄도 모르고 저출생의 문제를 여자들에게서만 찾으니 답이 안 나오는 것 같아요.

상담자 정말 이대로 가면 이혼하고 싶다니까요.

선생님 아직은 이혼운이 없지만 좀 더 나이 들면 서로 노력하셔야 해요.

남편의 도움이 절실히 필요한 육아맘에게.

남편의 사주를 보면 여름의 뜨거운 태양 丙火(병화)입니다. 사주에 불기운이 강렬하죠. 불은 물로 다스릴 수 있어요. 뜨거움을 식혀줄 물의 기운은 태어난 시에 癸水(계수) 하나뿐입니다. 그 작은 물은 바로 아래에 있는 나무 卯木(묘목)에게 모두 빨려 들어갔어요. 사주에 물이 없는 것이 흠이 되었네요. 水(수)의 기운은 남편에게 자식, 책임감을 의미하죠. 남편에겐 아직 자식에 대한 개념이 없습니다. 당연히 가족을 책임지려는 마음도 약하고요.

또 이 사주의 뜨거움을 식혀주려면 습기를 머금은 土(토)가 있으면 좋아요. 그러나 역시 사주에 없는 기운이에요. 남을 배려하고 이해하는 마음이 적어요. 남편에게 애초에 기대하기 힘든 부분입니다. 천상천하 유아독존의 마음이에요. 자기밖에 모르죠.

부인의 사주는 작은 흙 己土(기토)로 태어났습니다. 己土 바로 아래가 부부궁이에요. 안방이죠. 부인의 사주 안방에는 남편이 앉아 있지 않아요. 자식이 앉아 있는 모습입니다. 자식 낳고 나서 남편과 각방을 쓴다던지 따로 지내게 돼요. 자식이 1순위인 삶을 살게 되세요.

부인이 자식에게 가진 애착과 남편이 가진 개념은 각자의 사주부터 출발이 달라요. 남편은 자신에게 없는 애착을 책임감으로 극복해야 해요. 부인은 가끔 남편을 1순위로 대해 주는 시간을 갖는 것이 좋습니다.

오타 도시마사는 〈우리 남편, 육아빠가 될 수 있을까?〉에서 아이가 낯선 아빠, 육아에 무관심한 아빠를 개선하는 방법을 알려주고 행복한 가정을 만드는 조언을 해 주고 있어요.

"조금씩 자라는 아기의 존재를 몸으로 실감하면서 정신적으로 서서히 엄마가 되어가는 여성과 비교하면 남성은 자신이 아이 아빠가 된다는 실감을 할 기회가 너무 빈약하다. 아내가 엄마로서 자각하는 타이밍과 남편이 아빠로서 자각을 하는 타이밍의 시차가 벌어질수록 부부 사이의 골은 깊어진다."[65]

남편을 육아에 적극적으로 참여시키려면 남편에게 자신이 아빠라는 자각을 최대한 빨리 심어주는 것이 중요해요.

"아빠 쥐가 새로운 뇌세포를 획득하는 현상은 새끼 쥐와 한 공간에서 지낸 때에만 일어났다. 새끼 쥐가 태어나자마자 아빠 쥐를

새끼와 떨어뜨려 놓으면 아빠 쥐의 뇌에는 아무런 변화가 일어나지 않았다. 아내가 친정에 가서 출산하는 등 여러 이유로 출산 후 아이와 떨어져 지내면 아빠 스위치는 켜지기 어렵다는 것을 반영하는 실험 결과이기도 하다."[66]

새끼의 체취를 맡는 경험과 신체접촉 경험에서 아빠 쥐의 뇌 속에 새로운 뇌세포가 생긴다면 인간의 부성도 같지 않을까요.

"단지 역할과 책임만으로 아빠가 되려고 해서는 안 되며, 아이와 함께 지내는 것이 아빠로서 각성하는 길이라는 것을 알려준다. 아빠의 스위치를 켜려면, 아빠와 아기가 꼭 붙어 있게 하는 것이 중요하다. 일단은 아빠에게 아기를 안겨줘서 아이 냄새를 맡게 하고 눈을 마주치고 우는 소리를 듣게 해주자. 아빠가 오감을 총동원해서 아이를 느낄 기회를 될 수 있는 한 이른 시기에 많이 만드는 것이 좋다."[67]

여성도 엄마가 된다는 실감을 처음부터 느끼는 것이 아니듯이 아내가 임신했다고 해서 갑자기 아빠라는 자각이 생기는 남성은 극히 드물어요. 임신 중 둘이서 육아에 대한 이미지 트레이닝을 하는 것이 도움이 될 거예요.

"아이와 함께할 미래에 관한 이야기를 나누는 방법을 추천한다.

아이가 생기면 서로 호칭은 어떻게 할까?

식탁에 앉는 순서는?

자는 위치는 어떻게 바꿀까?

가사 분담은 어떻게 할까?

장래 어떤 아이로 자랐으면 좋겠는가?

우리 집 가정교육 방침은?

…

의견 차이가 보일 때의 해결 포인트는 '그럼 이렇게 결정하자' 라고 무리하게 타협하려고 하지 않는 것이다. 서툴게 타협하려다 싸움으로 번질 수 있기 때문이다. 그런 때는 서로 '그렇구나, 그런 식으로 생각하고 있는 줄은 몰랐어. 의외야. 하지만 그런 생각을 미리 들을 수 있어서 다행이야' 정도로 이야기 해주면 된다."[68]

출산 후에는 서툴겠지만 아빠에게 의지해 보세요. 뭐든지 엄마가 스스로 해결하려하지 말고 서툴더라도 부탁해 보세요.

"확실히 자신이 직접 해버리면 그 순간은 빠르다. 하지만 언제까지나 그런 식이라면 괴로운 것은 자신이다. 그러니 어느 정도는 마음 편하게 먹고 아빠에게 맡겨보자. 믿고 맡길 만큼 믿음직스러운 구석이 없다는 것은 충분히 이해한다. 하지만 이런 때 한 발 뒤로 물러나서 지켜볼 수 있는 자세가 아빠 스위치를 켤 수 있게 만든다."[69]

아빠 스위치를 켰다고 해서 갑자기 능숙하게 기저귀를 잘 간다든지 이유식을 만들 수 있는 것은 아니겠죠. 인내심을 가지고 육아와 집안일을 하나씩 가르쳐야만 해요.

"일반적으로 남성은 명령받는 것을 아주 싫어한다. 그렇지 않아도 회사에서 명령만 받고 지내는데, 집에 와서까지 명령을 들으면 못해 먹겠다는 생각이 들기 마련이다. 우선 아빠에게 무엇인가 부탁할 때는 명령조의 말투는 절대 사용하지 않길 바란다."[70]

막상 아빠가 육아를 시작하더라도 처음엔 서툴고 실패의 연속이겠죠. 그런다고 내가 하는 편이 빠르겠다며 중간에 막아버리면 겨우 켜놓은 아빠 스위치가 다시 꺼져버려요.

"처음 어느 정도의 실패는 눈감아주자. 도와줘도 안 된다. 어떤 결과가 나오더라도 '고마워'라며 감사의 마음을 전하는 것이 철칙이다. 기본은 전적으로 맡기고, 칭찬으로 남편도 키우는 것이다."[71]

남편을 아빠로 변화시키는 과정에서 아빠라는 이상형을 만들고 있지는 않은지 생각해 보세요.

"가정 경제를 책임지기 위해 열심히 일하지만, 집에도 일찍 들어온다.

집안일도 육아도 알아서 한다.

자신의 불평을 눌러두고 아내의 푸념은 몇 시간이라도 들어준다.

아이와 오랜 시간 놀아주면서 아내에 대한 애정 표현도 잊지 않는다.

가끔은 아이를 따끔하게 혼내는 엄한 면도 있지만, 아내의 비난하는 일은 절대 하지 않는다.

아내를 위해 멋을 내고, 아내 이외의 여성은 거들떠보지도 않는다."72

세상에나! 이런 멋진 남자가 실제로 있을까요?

보통의 남자는 대체로 같은 기능을 가지고 있지요.

"모든 육아 활동(모유 생성만 제외)이 가능

엄마의 스트레스 발산을 위한 샌드백 역할

가족의 안정된 생활을 위한 경제 활동"73

그러나 아빠도 사람입니다. 섬세하게 활용해야 해요.

"너무 무리하게 사용하지 말자: 피곤하면 짜증을 쉽게 낸다.

에너지를 보충해주자: 금강산도 식후경, 에너지가 부족하면 자체 시동을 끈다.

적절한 제어가 필요하다: 내버려두면 가끔 폭주할 때가 있다.

적당히 쉬게 하자: 풀가동은 고장의 원인이 될 수 있다."[74]

아빠를 육아에 참여시키면서 꼭 주의해야 할 점 한 가지가 있어요. 아빠 역할에 너무 빠지면, 남편 역할 의식이 옅어질 수 있어요. 엄마도 마찬가지이고요.

"아빠는 아버지이면서, 남편이면서, 남자이어야 한다. 그런데 아버지 100%가 되어버린다면 부부관계가 삐걱거리기 시작한다. 이런 때는 아내를 한 사람의 여성으로 생각하는 것을 잊고 육아의 파트너로만 생각한다. 남자로서의 자각도 옅어져서 아내에게 사랑받는 남자가 되려는 의욕도 사라진다. 아이가 '아빠!'라고 소리치며 안겨오는 것은 긴 인생 중 몇 년에 불과하다. 시간은 순식간에 흐른다. 어느덧 아이가 아빠와 놀기보다는 또래와 노는 것을 좋아하게 되었을 때, 남자로서의 매력도 잃고 무력한 아저씨로 변한 아빠의 빈 껍질만 남는다. 부부는 이미 서로에게 남녀가 아니며 가정 내에는 서늘한 기운만 감돈다. 이렇게 되지 않으려면, 아무리 바빠도 가끔은 부부만의 시간 만들기를 강력히 추천한다."[75]

엄마 아빠의 역할도 중요하지만 부부간에는 상대를 한 사람의 남성 혹은 여성으로 배려하는 마음을 잊지 않는 것이야말로 가장 중요하답니다.

#2

저는 칭찬중독인가요?

◇◇◇◇◇◇◇◇◇◇◇◇◇

벚꽃이 지고 철쭉이 피었다. 봄볕을 자랑하는 날씨와 다르게, 상담을 위해 찾아온 J씨의 얼굴은 그늘져 있었다. 세련된 옷차림과 당당한 자세를 지닌 그녀는 한눈에 봐도 멋진 커리어우먼이었다. 하지만 J씨의 얼굴에 드리워진 먹구름은 단순한 피로감이 아니었다. 상담이 시작되고, 한숨을 내뱉는 그녀의 표정에는 어떤 성취로도 달래지 못한 공허함과 결핍이 드러났다. 앞만 보고 달려온 그녀의 인생은 타인의 칭찬을 얻기 위한 목표로 가득했다.

상담자 저는 아무것도 하고 있지 않으면 우울해지고 패배자가 된 기분이 들면서 불안해져요. 그래서 항상 목표를 세우고, 그 목표를 달성하기까지 열심히 노력하고 그 목표에 도달하면 또다시 목표를 세우면서 제 자신을 달달 볶아요. 제가 왜 이럴까요?

선생님 예를 들면 어떤 목표를 세우고 달성해 보셨나요?

상담자 대학 다닐 때는 전액 장학금이 목표였어요. 그래서 4년 장학금과과 수석으로 졸업했고요. 직장도 꽤 괜찮은 대기업에 입사했어요. 회사에서 필요로 하는 자격증이 있으면 제일 먼저 따기도 했죠.

선생님 엄청난 능력자시네요. 그런데 뭐가 그렇게 불안하신가요?

상담자 모르겠어요. 목표가 달성되어 주변에서 저를 칭찬해 주고 인정해 주면 행복해지는데, 얼마 안 있으면 다시 초조해져요. 다시 목표를 찾게 돼요.

선생님 혹시 어렸을 때 형제가 몇 명이었나요?

상담자 언니와 남동생이 한 명씩 있어요. 부모님은 언니가 딸이라서 제가 아들이길 바라셨다고 했어요. 딸이라서 실망하셨다고도 했죠.

선생님 둘째시네요. 사실 둘째들은 사랑받기 어려워요. 언니는 맏이라서 부모들의 관심을 받고, 남동생은 아들에다 막내라서 부모들이 챙기죠. 중간에 있는 둘째들은 스스로 사랑받기 위해 생존해야 하는 경우가 많더군요. 사랑받고, 칭찬받고, 인정받을 만한 일들을 이루어 내야 하는 생존과제 같은 것들이 있어요. 본인은 못 느끼거나 그렇지 않았다고 생각할 수 있지만, 둘째들에게 많이 나타나는 현상이라고 해요. 어쩌면 당연해 보이는 일이기도 하고요.

상담자 아! 그럴 수도 있겠네요. 부모님이 저를 언니랑 동생과 차별한다고 생각하지는 않았지만, 가족들 사이에서 제 위치가 조금 애매하다는 생각은 했었어요.

선생님 그래서 성장 과정이 참 중요한 것 같아요. 부모님의 인정을 받아야만 사랑을 받는다고 느낄 수 있으므로 주변에서 칭찬해 주는 일들을 해내게 되죠. 결국 잘하니까 칭찬을 받고 행복해하는데, 그 행복을 느끼는 시간은 짧으니까 다시 불안해지는 것 아닐까요? 마치 칭찬중독처럼 말이죠. 약물중독에 빠진 사람들이 약을 투여하면 좋았다가 약 기운이 떨어지면 아파하고 힘들어하잖아요.

상담자 칭찬중독. 처음 듣는 말이네요. 맞아요. 하고 싶은 일과 해야 할 일이 있으면 후자를 택하는 경향이 있어요. 그러다 보니 이제는 제가 뭘 하고 싶었는지 생각도 잘 안 나요. 그럼 저는 어떻게 해야 행복을 느끼고 만족할 수 있을까요?

선생님 일할 때 결과보다는 과정을 즐기는 연습을 해 보면 좋을 것 같아요. 제가 살아보니 마음의 허전함이나 결핍감은 절대로 다른 사람이나 밖에서 채워지지 않더군요. 나 스스로 나를 가치 있게 인정하고, 사랑하고, 존중하고, 스스로 칭찬하는 훈련이 필요한 것 같아요. 칭찬받을 것을 기대하며 일하지 않고, 일하는 과정에서 즐거움을 찾는다면 목표를 향해 가는 시간이 곧 행복을 느끼는 시간으로 바뀌지 않을까요? 제가 아는 한 지인은 고속도로를 운전할 때 앞차가 보이면 전속력으로 달려가요. 왜 그렇게 위험하게 달려가느냐 물어봤어요. 그 사람은 앞차가 보이면 뒤를 따라가야겠다는 목표가 생긴대요. 그래서 그냥 달려간대요. 그러다가 앞차를 계속 따라가지 않고 추월해요. 그리고는 또 다른 앞차가 보이면 다시 정신없이 달려가죠. 도대체 왜 그러느냐고, 자기만의 속도로 여유롭게 달리면서 주변도 좀 보고 이야기도 나누면서 가면 좋지 않으냐고 해도 습관처럼 그렇게 운전을 하더군요. 목적지에 다다르고 나면 피곤해서 쓰러집니다. 과정이 없는 거죠.

상담자 재밌는 분이네요. 제가 살아가는 모습 같기도 하고요. 저도 앞만 보고 달려간다는 느낌을 많이 받았거든요.

선생님 사주에서 보면, 일은 많은데 결과가 약한 사주라서 더욱 허전함과 결핍감을 느낄 수 있어요. 하지만 내년 이후부터 20년 정도의 운에서는 결과를 맛볼 수 있는 기간이 대기 중이네요. 이제는 주변에서 칭찬받고 인정받으려 하지 않아도 좋은 일이 많이 생길 것 같아요. 앞으로는 어떤 것이든 과정을 즐기고 바로 지금 여기에서 벌어지는 행복감을 느끼는 연습을 해 보세요. 목표를 이뤄가는 과정도 행복할 수 있다면 행복을 느끼는 시간이 길어질 것 같아요.

상담자 칭찬중독이라는 말이 정말 와 닿았습니다. 앞으로 저만의 인생을 위해 좀 더 생각해 봐야겠어요.

타인의 칭찬에서 행복을 찾는 J씨에게

J씨의 인상은 신뢰감을 주는 얼굴이었죠. 사주 또한 믿음을 뜻하는 己土(기토)로 태어났어요. 땅은 식물을 키워내는 역할을 합니다. 모든 생명들이 땅을 기반으로 살아요.

亥月(해월-양력 11월)은 가을 수확을 막 끝낸 논밭 풍경입니다. 곡식들로 창고가 가득하죠. 상상만으로도 넉넉해져요. 주위에 다른 土(토)들이 무리를 지어 있네요. 풍요로운 너른 평야 같아요. 사주를 보면 먹고사는 걱정을 할 필요가 없어 보입니다.

다른 土들은 형제, 자매를 뜻합니다. 사주에서 무리지어 평야를 이루었으니 많은 사람을 살리는 곡창지대가 떠오르네요. 그런데 많은 土들은 경쟁을 뜻하기도 합니다. 己土는 논밭이니 커다란 산인 戊土(무토) 때문에 그림자가 생깁니다. 왠지 언제나 2인자 같은 느낌이 들기도 하죠. 결과 지향적이고 마음이 조급해지는 이유랍니다.

그러나 큰 산은 때로는 든든한 배경이 되어주기도 해요. 큰 산(戊土)들을 논밭에 거센 바람을 막아주는 배경으로 인식하면 오히려 안정을 찾을 수 있습니다. 풍수에서 말하는 명당이 되는 것이죠. 괜히 불안해하지 마세요.

혜민 스님의 〈고요할수록 밝아지는 것들〉, 〈완벽하지 않은 것들에 대한 사랑〉, 〈멈추면, 비로소 보이는 것들〉에서 많은 조언을 구할 수 있겠네요.

"사람에겐 '남들에게 보여주고 싶은 나'와
'욕망하는 나'가 동시에 존재합니다.
그 둘 사이에서 갈등하는 것이 인생이에요.
…
'사람은 이렇게 살아야 해' 하고
자라면서 나에게 프로그램된 관념들이 있어요.
그 관념이 나를 항상 부족한 사람, 문제 있는 사람으로 만들고
그 관념처럼 살지 않는 사람을 보면 쉽게 비판하면서
자신을 거만하게 만듭니다."[76]

J씨는 전혀 부족하지 않아요. 다른 사람들의 칭찬이 없어도 태어난 존재만으로도 세상의 생명을 키워내는 사주를 가지고 있어요. 누군가에게 인정받으려 하는 태도는 마음을 괴롭게 만들고 관계보다는 결과를 우선시하기 때문에 사람과 사람 사이를 자칫 멀

어지게 할 수 있어요. 그것 또한 욕망의 다른 모습일 수 있답니다.

이제 자신감을 갖고 불안에서 벗어나 자신이 진정 무엇을 원하는지 자신을 들여다봐야 해요.

"우리는 무엇을 잘했기 때문에 사랑받을 만한 것이 아닙니다.
존재하는 것, 그 자체가 사랑받을 만한 것입니다.
스스로를 아끼고 사랑해주세요.
좀 부족해도, 좀 실수해도 괜찮아요.
세상이 요구하는 완벽함을 갖추지 않아도
우리 존재는 이미 가치가 있고 사랑받을 만합니다."[77]

"내가 먼저 나를 아껴줄 때
세상도 나를 귀하게 여기기 시작합니다.
나 자신에게도 좋은 사람이 되세요.
사랑하면 그 사람하고만 시간을 보내고 싶듯
오늘은 사랑하는 '나'하고만 한번 시간을 보내보세요.
맛있는 것도 사주고, 좋은 영화도 보여주고,
경치 좋은 곳으로 데려고 가주고 해보세요.
사랑하는 사람에게 공들이듯 나에게도 공들여보세요."[78]

"내가 지금의 내 모습을 좋아하면

내 주변 사람도 다 좋아 보여요.
반대로 나 자신에게 불만이면
주변 사람들에게도 다 불만이에요.
나의 가장 큰 팬이 바로 내가 되시길…

한정판으로 나온 최고급 명품도
똑같은 것이 수십 개씩 만들어져 나옵니다.
그러나 '나'라고 하는 명품은 세상에 단 하나밖에 없어요.
하나뿐인 개성 있는 '나'라는 명품을 아껴주세요."[79]

J씨.

내가 나를 사랑하는 방법은 많아요. 비싼 명품 가방도 화려한 옷도 최고의 방법은 아닙니다. 평소 생활하면서 내가 좋아하는 것, 나를 위하는 것들을 찾아 해 주면 돼요.

내가 나를 대접해 줘야 우주만물도 나를 위해 준답니다.

"행복의 요소 가운데 중요한 부분이 바로 '삶의 주도성이 내게 있는가?' 하는 점이다. 즉 지금 하는 일을 남이 시켜서 하는 것이 아니라 내가 원해서 할 때 사람은 행복하다고 느낀다. 내가 삶을 주도할 수 없을 때는 그게 아무리 남들이 재미있는 것이라 해도 힘겨운 일처럼 느껴진다."[80]

"살짝 노는 듯이 열심히 하는 친구들이
사실, 일은 더욱 능률적으로 잘합니다.
열심히 죽어라 일만 하는 사람은
일의 즐거움 없이 스트레스로 일을 하는 것입니다."[81]

"내가 없어도 세상은 잘만 돌아갑니다.
놓으세요.
내가 없으면 안 될 거라는 그 마음."[82]

"만족할 줄 알면
나 자신이 스스로를 괴롭히면서 하는 분투를 쉴 수 있습니다.
만족할 줄 알면
지금 내 앞에 있는 사람과 지금 이 시간을 즐길 수 있습니다.
만족할 줄 알면
일이 끝나고도 마음에 아무런 찌꺼기가 남지 않습니다."[83]

#3

원하는 것을 이루었는데 허무해요

◇◇◇◇◇◇◇◇◇◇◇◇◇

조물주 위에 건물주라는 농담이 있다. 요즘 아이들의 최대 꿈은 건물주가 되는 거라는 슬픈 이야기도 있다. 오랜 인연의 손님이 누구나 꿈꿔보는 건물을 한 층 한 층 매입하는 모습을 옆에서 지켜보며 응원했다. 그런데 그분의 삶은 한 층 한 층 매입할수록 여유를 잃어가고 있었다. 사람들의 로망인 건물주가 되는 것은 분명 기쁜 일인데 그분은 정작 건물주가 되면서 점점 불행하다고 느끼는 이유를 상담하러 왔다.

상담자 남편이 지금 살고 있는 아파트를 팔고 저희 건물 꼭대기 층으로 이사 가자고 하는데 어떨까 해서 왔어요.

선생님 왜 이사 가자고 하시는데요?

상담자 건물관리도 하고, 남편이 쉬기도 하고, 식구들이 일을 도와야 한다면서요.

선생님 그 건물은 어떻게 이뤄져 있나요?

상담자 지하 1, 2층은 주막주점을 하고 있는데, 직원들 식당을 겸하고 있어요. 사람을 쓰고 있지만 거의 제가 맡아서 해요. 지상 1층은 커피숍과 건강관리식품 판매를 할까 합니다. 아들이 지적장애아잖아요. 이제 곧 모든 교육을 마치는데 갈 곳이 있어야 해서 아들 직장 겸 커피숍을 운영해 볼 계획이에요. 2, 3층은 물류창고로 이용 중이고요. 4, 5층은 우리가 스크린 골프장을 운영하고 있어요. 6, 7층은 물류업체들이 입주해 있어요. 8층에 살림집을 만들어 이사하자고 하네요. 모든 것이 남편 계획이에요.

선생님 지난번 상담은 스크린 골프장에 잠깐씩 식사만 봐주러 다닌다더니 아예 전부 맡으셨나 봐요.

상담자 어쩌다 보니 그렇게 되었어요. 꼼짝 못 하고 묶여 있어요.

선생님 왜 그렇게 사세요? 그렇게 살지 않으셨잖아요. 자식들 키우며 남편 뒷바라지 잘하셨고 자신의 시간을 활용하시며 시간도 넉넉하게 돈도 넉넉하게 삶도 넉넉하게 사시던 분이 갑자기 왜 일에 매여서 지쳐하세요?

상담자 제가 그렇게 보여요? 실은 지난여름부터 정말 죽고 싶어서 날마다 울고 있었어요. 내가 지금 뭐하나 싶고, 왜 이렇게 살아야 하나 싶고. 힘들고 지쳐서 죽겠어요. 오죽하면 남편에게 이혼하자는 말까지 했다니까요.

선생님 지금 사시는 모습은 본인의 삶 리듬이 아니에요. 그동안 이렇게 살지 않으셨잖아요. 이렇게 일의 노예처럼 사시다간 암이 재발해요. 아마 남편분이 변하신 것 같아요.

상담자 맞아요. 갑자기 마음먹은 대로 건물이 한 층 한 층 손에 들어오니 남편이 돈돈돈 하면서 건물에 매달려요. 이사 가자고 조르는 것도 가까이 식구들을 데려다 놓고 딸도 내려와 돕고 나도 더 도와야 한다면서 그러네요.

선생님 딸은 그냥 따로 떨어져 일자리를 구하면 좋겠어요.

상담자 딸도 그러길 원해요. 아빠 밑에서 일하기 싫대요.

선생님 사람들이 건물주가 되려는 것은 자신이 힘들여 노력하지 않아도 돈이 들어오는 시스템을 만들고자 하는 거잖아요. 그리고 남는 시간과 경제적 풍요로 삶을 여유롭고 부족함 없이 살아보고자 하는 욕망이 있어서 건물주를 소망하는데, 어떻게 된 일인지 건물주가 되시고 가족이 불행해지셨어요. 남편분은 돈에 혈안이 되어 있으시고. 부인은 일에 매여 건강 돌볼 시간조차 없이 우울한 삶을 사시고 딸도 자신의 꿈이 있는데 아빠의 강요에 의해 아빠 일을 도와야 하네요.

상담자 오죽 힘들었으면 제가 이혼하자고 했을까요. 딸도 아빠를 이해하지 못하겠대요. 가족을 돈벌이 기계 취급한다면서 불만이 많아요. 제 생각에도 이렇게 가다간 제 암이 재발할 것 같다는 불안이 들어요. 정말 힘들어 죽겠어요.

선생님 지금의 남편이라면 암이 재발하더라도 부인을 걱정하기보다는 일하지 못하게 된 부인을 원망할 것 같아요.

상담자 맞아요. 저도 남편에게 그 말 했다니까요. 당신은 내가 전혀 소중하지 않고 건물만 보이냐고 물었어요. 대꾸도 안 해요. 남 같아요. 사람이 어쩜 이렇게 변할 수 있을까요.

선생님 사람은 자는 곳이 중요해요. 인생의 삼분의 일을 잔다고 하잖아요.

건물 8층으로 이사하시는 것은 반대입니다. 우선, 아래층에서 올라오는 소란스러운 기운들을 위에서 고스란히 가족들이 받아내야 하잖아요. 어떻게 편안한 잠을 자고 쉴 수 있을까요. 사람이 거주하기에 불안한 곳이에요.

상담자 저도 그것이 찝찝해서 물으러 왔어요. 또 그곳이 깡패들이 단체로 모여 살던 곳이래요.

선생님 그 건물이 한 층 한 층 경매로 나온 것을 잡았잖아요. 경매로 물건이 나왔다는 것은 분명이 좋지 않은 일이 있었다는 뜻이에요. 그런 곳에 가족이 들어가 산다는 것은 좋지 않아요. 그리고 지금 건물과 거주하는 곳이 분리되어 있는데도 가족들이 힘들어하는데, 같은 건물 위층으로 들어가 있으면 거의 일에 매달리다시피 살아야 할 것 같은데 그건 너무 힘들지 않겠어요?

상담자 남편은 그것 때문에 이사 가자고 하는 거예요.

선생님 남편의 돈에 대한 폭주를 부인께서 이혼을 불사해서라도 막아보셔요. 이러다간 남편의 건강도 부인의 건강도 가족의 화목도 지킬 수 없을 것 같아요.

상담자 제 생각도 같아요. 남편이 돈에 미쳤나 봐요. 갑자기 마음먹은 대로 돈이 들어오니 더욱 욕심을 부리네요.

선생님 돈신을 모시기 시작한 남편에게 삶의 질이 오히려 떨어져 있다는 것을 알려주세요. 갑자기 돈이 불어나고 잘 풀려나갈 때 경계해야 해요. 지금도 충분히 남들보다 부를 쌓으셨는데 "더더더!"를 왜 외치고 계시는지 옆에서 알려주셔야 해요. 그래야 가족이 살 수 있어요. 8층으로 이사하는 것은 신중히 생각하시길 바라요.

◆ 운명을 살리는 사주 편지 ◆

어떻게 살 것인가를 고민하는 언니에게.

남편의 사주를 보면 午月(오월-양력 6월)에 작은 흙 己土(기토)로 태어났습니다. 여름으로 접어드는 계절에 작은 밭이에요. 己土는 작은 흙인데 옆에 큰 흙인 戊土(무토)가 나란히 있어요. 흙이 많은 사주인데 흙에 심을 나무는 겨우 작은 나무 乙木(을목) 하나뿐입니다. 빈 땅이 많아요. 여름의 평야이니 적셔줄 비가 오면 식물이 잘 자랄 것 같네요.

흐르는 대운이 땅을 적셔줄 비 내리는 운으로 지나고 있습니다. 원하는 운이죠. 계획한 일들을 이루기에 좋은 운이에요. 재산을 모으는 데 유리합니다.

언니의 사주를 보면 申月(신월-양력 8월)에 己土 입니다. 사주의 기운은 다섯 가지 중에 세 가지만 있어요. 그러나 세 가지 기운이 원활하게 흐르네요. 火(화)에서 시작하여 土(토)를 도와주고, 土는 다시 金(금)을 도와주어 귀한 사주가 되었습니다. 역시 재물을 모으고 이루는 데 도움이 되는 사주예요.

이런 사주는 운에서 태풍이 불더라도 남들은 태풍을 고스란히 맞게 되지만 자신에게는 산들바람 정도로 지나가요. 다만 다섯 가지 기운 중 없는 기운의 흠은 있습니다. 건강과 배우자운이에요. 다 좋을 순 없죠. 자신의 사주에 있는 부분과 없는 부분을 평소에 살피며 살아가면 좋습니다.

〈무엇이 우리를 행복하게 하는가〉의 저자 톰 래스와 짐 히터의 말처럼 말이죠.

"대부분의 사람들은 자신의 행복을 위해서 살아가기보다 누군가의 행복을 위해서 또는 다른 사람에게 행복해 보이기 위해서 살아가는 경우가 많습니다. 평생 자기다움을 찾아나서는 가슴 뛰는 여정이 아니라 다른 사람처럼 살기 위해 직선으로 달려갑니다. 어디로 왜 그렇게 빠른 속도로 달려가는지도 모른 채 앞만 보고 직선으로 달려갑니다."[84]

지금까지 언니네는 여유와 곡선 속에서 가족의 행복을 우선으로 하는 삶이었어요. 그러나 건물을 매입하는 과정에서 점점 직선적 삶으로 바뀌었어요. 경제적으로는 풍요로워졌지만, 삶의 속도는 쫓기듯 빨라졌습니다.

"속도가 증가하면서 반대로 삶을 풍요롭고 가치 있게 살아갈 수 있는 밀도는 줄어들고, 동시에 삶을 다르게 바라 볼 수 있는 각도도 그 만큼 좁아집니다. 삶의 밀도는 살아가면서 매순간 느끼는 의미의 강도입니다. 각도는 삶을 다르게 볼 수 있는 다양한 관점이나 시선입니다. 오로지 삶의 속도만 중요시하면서 밀도를 하찮게 여기거나 각도를 의미 있게 생각하지 않으면 행복해질 수 있는 가능성을 잃게 되는 것입니다."[85]

문제는 언니의 남편께서 건물을 한 층 한 층 사들이며 강력한 쾌감을 느끼셨다는 거예요.

강력한 쾌감에는 중독성이 따라오니까요.

이시형의 〈세로토닌하라!〉에서 중독, 쾌감을 잘 설명해 줍니다.

"우리는 엔도르핀을 행복물질로 알고 있지만 그건 오해입니다. 엔도르핀이 가져다주는 절정의 환희나 격정적인 순간이 우리 일상에서 늘 있을 순 없습니다. 이게 문제입니다. 이 기분이 오래 지속될 수도, 또 자주 있을 수도 없습니다. 하지만 우리는 누구나 이런 순간을 기대합니다. 충족되지 않으면 허전하고 불행합니다. 이게 엔도르핀 금단 현상입니다. 마약, 도박, 술, 무엇이든 좋다고 자주 하면 중독이 됩니다. 계속 더 큰 것, 더 오래, 더 자주를 요구합니다. 도파민과 엔도르핀은 뇌 과학적으로 자제능력이 없기 때문입니다."[86]

직선으로 바뀌어버린 삶의 모습을 다시 여유와 곡선으로 되돌려야 해요. 그러기 위해서는 앞으로 달려가는 남편의 속도와 맞부딪혀야 하죠.

김수현은 〈나는 나로 살기로 했다〉에서 어른이 처음인 사람에게, 삶이 버거운 사람에게 나답게 사는 법을 안내해 줍니다.

"왜 우리는 투쟁하지 못했을까? 이는 자신에 대한 탐색과 자문의 과정을 권하지 않는 사회문화에서 시작됐습니다. 과거 우리의 핵심 도덕이었던 유교에서 개인은 주변 환경과 관계 속에 상호의존적인 존재였습니다. 개인의 정체성은 역할에 따라 결정되었고, 자문과 탐색보다는 주어진 역할의 도리를 배우고 실천하는 것이 중요했습니다. 사회가 요구하는 인간상에 맞추는 것을 아름다운 삶이라 여긴 것입니다. 그렇기에 자신만의 삶의 방식과 철학을 세우며 사는 것이 아니라 사회와 부모가 요구하는 기준에 맞춰 사는 것에 더 익숙합니다. 나답게 산다는 것은 경험과 탐색 속에서 스스로 판단하고 스스로 결정하는 법을 익히는 일입니다."[87]

누구에게나 자신이 원하는 대로 살 권리가 있습니다. 이제부터는 남의 요구를 의식하지 말고, 언니의 마음 안에서 내는 소리에 귀 기울여 보세요.

〈어떻게 살 것인가〉의 저자 유시민의 말은 한 층 더 힘이 되어 줄 거예요.

“자유의지는 자신이 자기 삶의 주인임을 인식하면서 원하는 삶을 스스로 설계하고 그 삶을 자신이 옳다고 생각하는 방식으로 밀고 나가는 정신과 태도와 능력입니다. 인간의 존엄성은 바로 여기서 나옵니다. 철학자 밀의 말처럼, 사람은 누구든지 자신의 삶을 자기 방식대로 살아가는 것이 바람직합니다. 그 방식이 최선이어서가 아니라, 자기 방식대로 사는 길이기 때문입니다.”[88]

“행복은 추상명사가 아닙니다. 행복은 일상에서 누구나 지금 현재 갖고 있는 것만으로도 얼마든지 얻을 수 있는 보통명사이며, 작은 실천을 진지하게 반복하면서 온몸으로 느낄 수 있는 동사랍니다. 머리로 생각하고 가만히 앉아서 가슴으로 느끼는 것만으로는 진정한 행복을 느낄 수 없습니다. 내 몸이 움직여 직접 행동하고 실천할 때 행복은 비로소 나의 삶이 되는 것입니다. 가슴 뛰는 일을 찾아 즐겁고 신나게 직업적 만족을 추구하면서 삶을 윤택하게 만드는 경제적 부도 축적하면서 공동체를 위해 기꺼이 나의 재능과 물질을 활용하면서 봉사하는 삶. 그리고 운동으로 건강한 몸을 유지하면서 가까이 있는 사람들과 소중한 인간적 관계를 맺어 나가는 일이 행복한 삶이 아닐까요.”[89]

"행복한 사람은 현재의 만족감에 집중한다는 것입니다. 미래의 행복을 담보로 하기 싫은 일을 억지로 하면서 참고 견디는 불행한 삶을 더 이상 살지 맙시다. 지금 행복해야 미래도 행복해질 수 있습니다. 성공한 다음에 행복을 기대하지 말고 지금 행복하게 살아야 성공도 자연스럽게 찾아옵니다. 하기 싫은 일, 어쩔 수 없이 하는 일을 억지하면서 고생한다고 달콤한 미래는 더 이상 오지 않습니다. 고진감래가 아니라 고진통래인 것입니다. 우리는 무조건 지금 당장 행복해야 합니다."[90]

#4

이별의 애도기간

◇◇◇◇◇◇◇◇◇◇◇◇◇◇

상담을 하다 보면, 사랑과 이별 때문에 정말로 힘들어하는 사람들을 많이 만난다. 상담은 그들의 이야기를 잘 들어주고 위로해 주고 때로는 조언을 하면서 그 과정을 잘 넘어가도록 안내를 해주는 역할을 한다. 그런데 어떤 부모들은 자식의 사랑과 이별마저 같이 하려한다. 자식이 꽃길만 걸어가길 바라는 마음이야 이해하지만, 이별을 맞이한 자식의 감정마저 대신 해주려 하다가는 자식에게 더 큰 상처를 입힐 수도 있었다. "내 감정은 아무것도 아이가?" 어느 아들의 절규에 가까운 외침이 기억나는 사연이 있다.

상담자 아들에게 이 여자가 맞는지 좀 봐주세요.

선생님 아드님이 이혼 서류에 도장 찍은 지가 며칠 전인데 벌써 여자를 만나게 하시려고요?

상담자 만나야지. 불쌍한 것. 마누라도 없이 어떻게 살아? 이 여자 어때요?

아가씨라는데, 아들이 정신과 치료도 받고 약도 먹는 눈치여서 마음이 너무 아파요.

선생님 아드님이 여자를 만난대요?

상담자 아뇨. 아들은 그냥 혼자 좀 있고 싶다는데 내가 어서 짝을 붙여주고 싶어서 그래요. 이혼한다고 힘들었나 봐.

선생님 아드님 사주를 보면 부부 그릇이 약해요. 이혼, 별거, 주말부부, 각방 사용, 기러기 생활 할 확률이 높아요. 특히 38세 이전에 결혼하면 부부 그릇이 불완전해요. 지금 35세이니 조금 더 기다리면 좋겠어요.

상담자 3년이나 저렇게 혼자 있으라고요? 내가 그 꼴을 어떻게 보나?

선생님 결혼한다고 모두 행복하게 살지 않는다는 것을 아드님 보면서 겪으셨잖아요. 이혼했다고 모두 불행해지지도 않아요. 오히려 안 맞는 배우자와 불행한 결혼 생활을 울며 겨자 먹기로 하는 것보다 혼자인 것이 더 나을 때가 많아요. 이별은 모든 것을 잃어버렸다는 의미가 아니라 이별 속에는 새로운 기운을 만들고, 새로운 기회를 불러온다는 의미도 있어요.

그리고 사람이 어떤 이별을 겪는다는 것은 잠시 운이 내려가 있다는 뜻이기도 해요. 이럴 때는 가만히 기다리는 것이 좋아요. 내려간 운에서 만나는 인연은 결코 아름다울 수 없어요. 운이 좋을 때 좋은 인연도 들어서요

한 사람의 인생에는 만남과 헤어짐이 반복되는 것 같아요. 이혼이든 사별이든 헤어짐을 겪는다면 최소한 이별에 대한 애도기간은 있어야 하지 않을까요? 이별에 대한 애도기간이란 마음 정리도 하

고 반성할 것이 있는가, 더 노력할 것이 없었는가 생각할 시간을 말해요. 아드님이 안쓰러우실 테지만 아들이 새로운 사람을 만날 마음 준비의 시간을 주시면 좋겠어요. 그리고 이 여자분과는 썩 어울리는 구조가 아니네요.

상담자 그래요? 기다려야 할까요? 아들이 저러다가 혼자 늙을까 봐 조바심이 났어요. 알았어요. 좀 기다려 볼게요.

자식의 이별 후 감정보다 부모의 안타까움이 먼저인 어머님에게.

아들의 사주를 보면 未月(미월-양력 7월)의 庚金(경금)으로 태어났습니다. 주위에 土(토)의 세력이 강하죠. 여자를 뜻하는 木(목)은 乙木(을목)과 寅木(인목)이 있어요. 사주에 여자 인연이 없는 것은 아니에요.

그런데 木을 지키려면 水(수)의 기운이 필요한데 사주 안에 水의 기운이 없어요. 여름 나무들이 가뭄이 들어 목이 마릅니다. 말라가고 있어요. 庚金에게 水는 '식상'입니다. 배려심, 이해력, 표현력 등을 나타내죠. 결혼 후 부인에 대한 배려심 부족으로 부인과의 불화가 예상되는 사주예요.

또한 물기 없이 퍼석퍼석한 많은 土들도 사주의 문제를 만듭니다. 庚金 사주의 주인공에게 土는 어머니, 공부, 문서 등을 나타내요. 金(금)은 흙이 많으면 흙더미에 묻혀버리죠. 金 자식 입장에서 너무 많은 흙(어머니 기운)이 큰 문제예요. 어머니의 넘치는 사랑이 오히려 자식을 힘들게 하는 모습입니다. 이런 사주의 어머니는 자식 결혼생활에 절대로 관여하면 안 돼요.

김형경은 〈좋은 이별〉에서 사랑과 여러 다양한 감정에 대해 많은 조언을 해 줍니다.

“사랑이 끝났을 때 어떤 이들은 순식간에 폭력적으로 변하면서 상대방에게 가학적인 언행을 했다. 어떤 이들은 상대방을 부여잡고 거듭거듭 매달리고, 어떤 이들은 잘 가라면서 쿨하게 돌아서서 재빨리 다른 연인을 만났다. 이별 후 아주 먼 곳으로 떠나거나 죄의식 속에서 자기 파괴적으로 행동하는 사람도 있었다. 나만이 아니라 다른 사람들도 이별에 서툴고 헤어진 후 어떻게 해야 하는지 잘 모르는 것 같았다.”91

어머니.

일상생활을 닫아버린 채 하루하루를 보내는 아들의 모습을 보며 어머니께서는 이별을 대처할 매뉴얼 같은 것이 있었으면 좋겠다고 말씀하셨죠.

“물론 세상에 통용되는 몇 가지 이별의 지침들이 있기는 했다. 떠난 사람은 깨끗이 잊는 게 낫다. 바쁘게 지내다 보면 곧 괜찮아질 것이다. 이런 때일수록 어깨를 펴고 당당하게 지내야 한다. 슬픔이나 고통은 혼자 조용히 처리해야 성숙한 사람이다. 그런 지침들은 마음의 고통을 덜어주지는 못하는 것 같았다. 아니, 아픔이 더 오래 지속되게 만드는 효과가 있는 것 같았다."[92]

어머니.

잘 이별하지 못하면 병이 된다고 프로이트가 최초로 알아차렸다지요. 지금 온몸으로 이별의 아픔을 겪어내고 있는 아들은 사랑에도 서툴렀고 이별에 대해서도 그렇습니다.

끝없이 상대에게 주기만 했었던 아들의 사랑이 이별이라는 상실로 다가왔을 때 어머니께서도 쉽게 그 이별을 받아들이지 못했어요. 물 한 모금 넘기지 못한 채 몸과 마음이 녹는 경험을, 이별을 해 본 사람들은 알 거예요.

서정주 시인의 〈신부〉는 이별의 슬픔이 얼마나 아픈지 잘 나타내고 있습니다. 온몸이 재처럼 삭아 내리는 느낌.

"신부는 초록 저고리 다홍치마로 겨우 귀밑머리만 풀리운 채 신랑하고 첫날밤을 아직 앉아 있었는데, 신랑이 그만 오줌이 급해져서 냉큼 일어나 달려가는 바람에 옷자락이 문돌쩌귀에 걸렸습니다. 그것을 신랑은 생각이 또 급해서 제 신부가 음탕해서 그새를 못 참아서 뒤에서 손으로 잡아당기는 거라고, 그렇게만 알고 뒤도 안 돌아보고 나가 버렸습니다. 문돌쩌귀에 걸린 옷자락이 찢어진 채로 오줌 누곤 못 쓰겠다며 달아나 버렸습니다.

그러고 나서 사십년인가 오십년이 지나간 뒤에 뜻밖에 볼일이 생겨 이 신부네 집 옆을 지나가다가 그래도 잠시 궁금해서 신부방의 문을 열고 들여다보니 신부는 귀밑머리만 풀린 첫날밤 모양 그대로 초록 저고리 다홍치마로 아직도 고스란히 앉아 있었습니다. 안쓰러운 생각이 들어 그 어깨를 가서 어루만지니 그때서야 매운 재가 되어 폭삭 내려앉아 버렸습니다. 초록 재와 다홍 재로 내려앉아 버렸습니다."[93]

어머니.

먼저 이별을 겪어 본 사람들이 말하는 '시간이 해결해 준다는 말 따위 하지 말라'던 아들의 절규가 어머님의 마음 안에 아직도 남아 있어 힘들다하셨지요.

"우리는 아예 이별이라는 경험을 마음 안으로 받아들이지 않고 있었다. 이별에 대한 이야기는 입 밖에 내지 않으며, 슬픔이나 고통을 토로하는 사람은 감정을 다스릴 줄 모르는 미숙한 사람으로 여기고 있었다. 심지어 우리는 이별을 삶의 경험 중 하나가 아니라 특별한 패배의 경험처럼 받아들이고 있었다. 이별했다고 말하는 게 아니라 사랑을 잃었다고 말하면서."[94]

어머니.

이별 후 감정 처리를 잘하지 못하면 많은 심리적 문제들이 발생

한다고 합니다.

"이제는 누구나 한 인간을 정신적으로 탄생시키고 꾸준히 성장하게 하는 힘이 사랑이라는 것을 알고 있다. 마찬가지로, 인간을 병들게 하거나 심리적 죽음에 이르게 하는 기제는 사랑을 잃거나 사랑하는 사람을 잃는 경험이다. 우리가 안고 있는 모든 심리적 문제들은 사랑은 잃은 이후 맞이하는 상실의 감정을 제대로 처리하지 못해 발생하는 것이다."[95]

어머니.

아들에게 시간을 주세요. 스스로 이별을 견디고 홀로 우뚝 섰을 때 새로운 사람을 만나야 합니다. 아들의 이별 감정이 정리되지 않은 상태에서 새로운 사람을 만나면 또 다른 문제가 생길 수 있어요.

가족 중 누군가와 죽음이라는 이별을 했을 때 충분한 애도기간이 필요하듯이 지금 아들에게도 이별의 애도기간이 필요해요.

"애도 과정은 다섯 가지나 열 가지 감정을 차례로 경험하고 넘어가는 일회성 과정이 아니며, 각 감정의 단계들이 명확히 구분되는 것도 아니다. 계단을 오르듯 차근차근 질서 있게 진행되는 작업도 아니며, 도표나 그래프로 표현할 수 있는 명료한 형태도 아니라고 한다.

오히려 애도란 '도식화할 수 없는 감정 모음, 혼란스러운 감정 덩어리'라는 쪽으로 의견이 모아지고 있다. 애도 작업은 나아갔다가 되돌아오고 막다른 곳에 도달해 우회하고, 다르면서도 비슷한 여러 감정들이 나선계단처럼 계속해서 되풀이 된다. 그리하여 나선계단을 오르듯 어느새 빛이 들어오는 출구에 도달하게 되는 과정이다."[96]

어머니.

자식들이 인생길을 꽃길만 걸어가길 바라는 부모 마음은 모두 같을 거예요. 아들에게 정신분석 심리치료과정과 어느 정도의 약이 도움이 된다니 다행입니다. 상처 입은 아들의 마음을 충분히 슬퍼해 주고 공감해 주세요. 가족들의 지지와 응원이야말로 아들이 이별의 아픔을 이겨낼 힘이 되어 줄 테니까요.

그런 과정 후에 아들은 새로운 삶의 질서를 만들 것이고 새로운 자신과 만날 것입니다. 그 후에 새로운 인연을 만나야 해요.

#5

가족이 제일 힘들어요!

◇◇◇◇◇◇◇◇◇◇◇◇◇

이제 우리는 스마트폰 없는 세상을 상상할 수 없게 되었다. 더불어 디지털 기기 없는 세상도 견딜 수 없게 되었다. 디지털 속 세상은 화려하고 재미있어서, 어른뿐만 아니라 우리 아이들의 정신과 마음을 빼어가기 시작했다. 아이들은 아침에 눈을 뜨면서부터 밤에 잠이 들 때까지 스마트폰을 손에서 놓지 않는다. 어느 날, 고1 아들이 하루종일 스마트폰만 붙잡고 있어 걱정인 엄마가 찾아왔다. 무엇이든 열정을 불태울 나이에 아무 의욕 없는 아들의 모습이 답답하고 걱정이 앞섰을 것이다. 그렇지만 아들에게 의욕을 가지라고 몰아세워서는 안 된다.

상담자 아들이 고1이에요. 게임에 빠져 집 밖에 나가질 않습니다. 무슨 방법이 없을까요?

선생님 일단 사주를 살펴보겠습니다. 사주팔자에는 '양인과 비겁'이라는 기운이 강력하게 버티고 있어요. 이 기운들의 해석은 고집, 게으름이에요. 칼을 뜻하기도 하고요. 수술을 하거나 몸이 다칠 수도 있습니다.

상담자 이미 척추가 휘었답니다. 그런데 휜 부분이 장기를 누르기 시작해서 내장기관이 무너지기 시작했대요. 치료를 받아야 하는데 그조차도 안 하려 해요.

선생님 공공 기관에서 하는 중독프로그램에 치료를 받게 하는 것은 어떤가요?

상담자 말을 안 듣습니다. 그리고 말만 꺼내도 난폭하게 굴어요. 혹여 자신을 그런 프로그램에 맡겼다고 원망할까 봐 못하고 있어요.

선생님 그렇다고 그냥 두고 볼 수는 없잖아요?

상담자 그래서 찾아왔습니다. 왜 이러는지. 언제 정신을 차리려는지 궁금해서요.

선생님 사주에서 정신을 담당하는 기운이 깨져 있어요. 가까이는 내년 2020년부터 깨진 기운이 회복됩니다. 더 확실히는 21살부터 좋은 기운이 들어 있어요. 운은 서서히 좋아지지 않겠나 싶지만 사람의 노력도 있어야 하지 않을까요?

상담자 아직 미성년자이고 제 말은 귓등으로도 안 들으니 운이 좋아지기를 기다리는 수밖에 없네요.

선생님 어머니와 따로 지내시나요?

상담자 네. 저와 따로 살고 아빠하고도 따로 삽니다. 우리가 이혼했거든요.

선생님 아들 생활비와 주거는 어떻게 해결하나요?

상담자 통장으로 보내주고 있는데 밥도 편의점 음식 사먹고 게임만 해요. 빨래가 제일 문제여서 가끔 가서 제가 빨아놓고 오고요.

선생님 앞으로 공부운이 부족하니 아들과 이야기하셔서 고등학교는 마치도록 해 주세요. 그리고 집 안에 분수를 하나 설치해 주시면 좋겠어요. 옷 색깔은 검은색과 흰색을 이용해 보시고요. 2019년 하반기, 즉 8월부터 치유프로그램에 참여시켜보면 효과가 있겠네요.

상담자 말을 들으려나 모르겠네요. 아들아빠에게 보내는 것은 어떤가요?

선생님 도움이 될 것 같네요. 적극 의논해 보세요.

상담자 우리아들 사주에 원래 이런 것이 있나요?

선생님 그동안 임상결과 중독성이 있는 사주는 맞아요. 또 흐르는 운이 부족하고요. 몸의 이상을 가질 확률이 높은 사주이기도 합니다. 그러나 21세 이후 운이 기대되니 병원 다니면서 기다려 보셔야겠어요.

상담자 답답해서 왔는데 역시 기다리는 수밖에 없네요.

선생님 사주학적 방법으로 여자 친구를 사귀게 하는 것도 추천해요. 아들을 집 밖으로 불러낼 수 있는 방법이 되니까요. 카메라를 사주어 사진을 찍으며 돌아다니도록 하는 것도 좋아요.

◆ 운명을 살리는 사주 편지 ◆

게임중독 아들이 걱정인 어머니에게.

아들의 사주를 보면 申月(신월-양력 8월)의 辛金(신금)으로 태어났습니다. 사주에 金(금)의 기운이 여섯 개에요. 어지간해서는 굽힘이 없는 사주죠. 강한 金을 제어해 줄 火(화)의 기운은 하나도 없어요. 사주가 아주 강합니다.

태어난 시간이 卯時(묘시-아침 5시 30분에서 7시 29분)로 木(목)의 시간입니다. 남자 金에게 木은 아버지, 여자, 돈, 재물, 일의 결과를 나타내요. 사주에서 많은 金들이 木 하나를 두고 싸우는 모습이에요. 돈이나 여자, 결과에 집착해요. 게임에 집착하는 이유는 결과가 바로바로 나타나기 때문인 거죠. 현실세계에서 이루지 못하는 것들을 게임에서는 성취가 가능하기 때문에 가상세계에 빠져듭니다.

걱정인 것은 아들의 흐르는 운이 바라는 운과 반대로 흘러가고 있다는 거예요. 아들은 하나뿐인 木을 지키려면 水(수)운으로 지나가면 좋은데 반대인 火 운으로 흐르고 있어요. 운이 부족하니 학교공부의 성취가 낮습니다. 결과를 중시하는 아들에게 낮은 성적은 자존감 하락으로 이어져요. 현실세계에서 작은 성취라도 자주 맛보게 하는 교육이 필요한 아들입니다. 운의 흐름이 좋지 못하니 부모와 자신의 노력과 인내로 극복해야 해요.

〈스마트폰 다이어트〉를 집필한 기성준 작가는

"디지털기기를 절제하지 못하고 정보의 세계에 중독된 현상을 디지털블랙홀에 빠진 현상"이라고 말합니다. "디지털블랙홀은 스마트폰과 같은 디지털기기 사용자가 블랙홀에 빨려들 듯이 중독되는 것을 의미합니다. 스마트폰을 한 번 열었을 뿐인데, 블랙홀에 빠지듯이 우리의 정신이 스마트폰에 빠지고 맙니다."[97]

요즘 아이들은 게임을 매우 좋아하죠. 휴일마다 아침부터 밤늦게까지 지칠 줄도 모르고 게임에 빠져 있는 모습을 보고 있노라면 걱정을 넘어서 경이롭기까지 합니다. 부모가 아무리 그만하라고 소리를 쳐도 대답만 할 뿐 좀체 자리에서 일어나지 않죠. 이토록 아이들이 게임에 빠져드는 심리는 무엇일까요?

크리스 라반과 쥬디 윌리암스가 지은 〈심리학의 즐거움〉에서 잘 살펴볼 수 있습니다.

"비디오 게임을 했다고 해서 다른 사람에게서 칭찬을 받을 일도 없고, 뭔가 보상이 따르는 것도 아닌데도, 아이들은 스스로 원해서 게임을 합니다. 칭찬을 받거나 뭔가 보상을 받을 수 있는 것과는 관계없이, 자기 스스로 원해서 하고자 하는 동기부여를 '내발적 동기부여'라고 합니다. 게임에 열중하고 있는 아이들은 비디오 게임이라는 것에, 내발적으로 동기가 부여되어 있다고 할 수 있습니다. 그들에게 있어 보상이 있다고 한다면, 그것은 비디오 게임을 한다는 그 자체이거나, 재미있게 놀았다는 만족감일 것입니다. 그 활동에 열중하는 자체가 보상이 되는 셈입니다. 따라서 언제까지고 높은 동기부여의 지지로, 그 활동은 계속 유지되는 것입니다."[98]

게임에 빠져드는 것이 스스로 유지되는 동기부여라니 쉽게 끊지 못하는 이유가 있었네요. 우리의 모습은 어떤가요?

"분명 한 번만 터치했을 뿐인데, 스마트폰을 시간가는 줄 모르고 사용하기 시작합니다. '인터넷 메인 기사만 하나 봐야지'하면서 기사란 기사는 다 확인해야 성이 찹니다. 스마트폰을 통해서 웹서핑을 시작하며 뉴스기사든, 쇼핑이든, 각종 SNS든 계속 이어지고 맙니다. 스마트폰을 한 번 열었을 뿐인데, 블랙홀에 빠지듯이 우리의 정신이 스마트폰에 빠진다는 뜻입니다."[99]

게임중독에 빠진 아이들 못지않게 스마트폰 중독에 빠진 어른도 있지요. 기성준 작가는 〈스마트폰 다이어트〉를 통해 스마트폰에서 자유롭게 하루를 보낼 수 있는 다양한 방법들을 책을 통해 제시합니다.

"하루 만에 끝내버리는 스마트폰 다이어트. 굿모닝 포스트잇 다이어트, 굿에프터눈 어플 다이어트, 굿이브닝 모드 다이어트, 굿나잇 터치 다이어트, 가족과 함께하는 스마트폰 다이어트."

아무리 동기부여를 해 주고 좋은 방법을 제시해 주어도 무엇보다 아이들 본인에게 하고자 하는 의욕이 있어야 해요.

"'요즘 아이들은 모두 날씬해지길 원해서 다이어트를 하지만, 중도에 포기를 반복합니다. 그렇게 날씬해지길 원한다면, 한 달 동안 식사량을 줄이면 되는데 말이죠. 그리하면 분명 10kg 정도는 빠질 겁니다!' 매우 설득력 있는 이야기인데 이렇게 의욕적으로 다이어트를 도전해 보려고 하는 여학생들은 아무도 없습니다. 아무리 몇 개월 동안 금식해서 효과가 확실하다는 것을 알아도, 절대 무리하고 생각한 학생들에게 그런 의욕이 생길리가 없습니다. 어떤 결과에 도달하기 위해 필요한 행동을 제대로 해낼 수 있다고 생각하는 자기 확신을 일컬어 '자기 효력감'이라고 합니다."[100]

그럼, 의욕이 생기지 않는 경우에는 자기 효력감을 높이는 일부터 해나가는 것이 좋을 것 같네요.

"자기 효력감을 높이기 위해서 어떻게 하면 좋을까? 첫째. 성공한 사람의 케이스를 알아본다. 둘째. 격려를 해준다. 셋째. 일단 시도해 본다. 이 세 가지 중에서 세 번째 방법이 가장 효과가 좋다고 합니다."**101**

"마이크로소프트사 빌게이츠는 IT부문에서 세계에서 가장 부유한 인물이 됐지만, 정작 그의 자녀들은 컴퓨터 사용시간을 하루 45분으로 제한했고, 13살이 되어서야 휴대폰을 손에 넣을 수 있었다고 합니다. 심지어 스마트폰 창시자라고 불리는 스티브 잡스는 생전에 자신의 자녀들에게 스마트폰을 사용하지 못하게 했답니다. 스티브 잡스의 자녀들은 아이패드를 써본 적도 없다고 합니다."**102**

IT의 창시자 빌 게이츠(Bill Gates)와 스마트폰 창시자 스티브 잡스(Steve Jobs)가 정작 자신들의 자녀들에게 컴퓨터와 스마트폰 사용을 금지시킨 사실은 요즘 시대에 깊이 생각해 볼 점이죠. 스마트폰과 게임에 절제력을 잃어가는 아이들 이전에 부모의 디지털기기 중독은 아닌지 점검해 볼 일입니다.

#6

고달픈 삶의 여정은 언제 끝날까?

◇◇◇◇◇◇◇◇◇◇◇◇◇◇

직장을 다니는 여자에게 자식이 생기면 고민도 함께 생긴다. 육아휴직은 고작 1년, 결단이 필요하다. 어린이집이나 부모님에게 맡길 것인가, 아니면 퇴직하고 아이를 돌볼 것인가 고민하게 된다. 우리나라는 경력이 단절된 여자들에게 관대하지 않기 때문에 많은 여성들이 직장으로 돌아간다. 그러나 항상 마음 한 편에는 자녀교육에 대한 죄책감을 안고 살아야 한다. 자녀가 학교에서 문제를 일으켰단 소식을 들으면 가슴이 철렁 내려앉기도 한다. 그러나 아이는 잘못된 행동을 할지언정 잘못된 마음은 가지지 않는다. 특히 어린아이일수록 그렇다.

상담자 제 딸이 학교에서 친구들에게 욕설을 쓴다네요.

선생님 어떤 말들을 주로 쓰는가요?

상담자 '미쳤나', '죽어라', '니가 제정신이가' 뭐 이런 말들이요.

선생님 평소에 부모가 쓰는 말들인가요?

상담자 뭐, '미쳤나'는 제 말투에서 '이기 미친 거 아이가'라는 말을 자주 쓰긴 해요. 남편이 '니가 제정신이가'라는 말을 자주 쓰고요.

선생님 8살 아이가 충분히 따라했겠네요. 그런데 그 말들이 어떻게 문제가 되는 줄 알았나요?

상담자 다른 엄마가 전화가 와서 제 딸이 그 집 아이에게 그렇게 말했대요. 요즘은 아이들이 말을 하면 그 말이 문자로 찍혀요. 그것을 그 엄마가 본 거죠. 제가 미안하다고 여러 번 사과했어요. 제 아이에게 잘 타이르겠다고 사과를 했는데 그 엄마 하는 말이 그 집 아이가 다른 아이랑 놀 때는 좋았는데 제 딸과 놀면서 아이가 거칠어진다며 제 딸이랑 앞으로 못 놀게 해야 할 거라고 하네요.

선생님 저런! 속상하네요. 아이들 일에 부모의 반응이 과한 것 같아요.

상담자 물론 제 딸이 그런 말을 한 것은 잘못이지만 애들끼리 못 놀게 한다는 말에 피가 거꾸로 솟는 기분이에요. 거기다 다음 날 다른 엄마에게 전화가 왔어요. 제 딸이 그 집 아이를 태권도 도장에서 툭 치더래요. 제 딸이 무슨 깡패냐면서 따지네요.

선생님 딸이 친구에게 왜 그랬대요?

상담자 제 딸에게 물어보니 그 아이랑 놀고 싶은데 제 딸을 친구들이 왕따 시킨대요. 딸은 친구들이랑 놀고 싶은데 자기들끼리만 노니까 화가 나서 툭 치고 지나갔대요.

선생님 그랬군요. 속상한 일이네요.

상담자 몇 명의 엄마들끼리 짜고 애들에게 제 딸과 놀지 말라고 하는 것 같아요.

선생님 왜 그런 생각을 하셨나요?

상담자 그 엄마들은 모두 전업주부들 이거든요. 자주 모임도 하는 것 같은데 저는 직장인이라 그 모임에 들어가지 못했어요. 제 딸이랑 놀지 못하게 하는 아이들이 모두 그 모임 아이들이에요. 물론 제 딸이 욕을 한 것은 잘못이지만 아이들끼리 놀지 못하게 하는 것은 심하지 않나요?

선생님 그러네요. 한 번 그 엄마들을 만나보는 것은 어때요?

상담자 싫어요. 제가 몇 번이나 사과를 했는데 어떻게 더 굽혀요. 담임선생님에게 의논했더니 다음날 통신문에 친구들끼리 좋은 말 쓰고 사이좋게 지내라는 문구가 있었어요.

선생님 선생님은 선생님 역할이 있어요. 엄마들과 얘기해 보는 것이 더 좋을 것 같아요. 이제 8살, 초등학교 1학년인데 앞으로 6년에다 중학교 3년을 더 어울리려면 엄마가 조금 더 숙이시는 것이 좋을 것 같아요.

상담자 워킹맘이 무슨 죄인가요? 일하러 다니며 애들 키우기도 힘든데 같이 어울리지 못한다고 친한 엄마들끼리 모여 한 아이를 왕따시키다니 너무 하는 것 아닌가요? 생각만 해도 화가 나요. 답답해 죽겠는데 어디 말을 할 곳도 없어서 찾아 왔어요.

선생님 그러게요. 속상한 일이네요.

상담자 제 아이의 거친 성격은 어떻게 잡아줄 수 있을까요?

선생님 사주학적으로 조언을 드린다면 사주에 불의 기운이 강한 아이이니 차분해질 수 있는 서예 같은 활동을 권할 수 있네요. 예절학교도 보내시고요. 수영을 가르치는 것도 좋겠어요. 주변 사람들에게 인사를 자주 하게 하는 것도 좋고요.

상담자 저도 인사를 잘 안 하는데 아이가 할까요?

선생님 그럼. 엄마가 같이 해 보세요.

상담자 효과가 있을까요?

선생님 붓글씨 쓰기는 검은 먹물을 사용하는 것 자체가 좋고요. 글씨를 쓴다는 것이 성품을 차분하게 만들어요. 서예교실에 보내 보세요. 수영은 말 그대로 물을 가까이 하는 운동이라 좋을 것 같아요.

상담자 네. 해 볼게요. 워킹맘은 힘이 드네요.

친구를 때린 아이 마음에 공감이 필요한 엄마에게.

아이의 사주를 보면 未月(미월-양력 7월)에 태어난 丁火(정화)입니다. 사주가 木(목)과 火(화)로만 이루어져 있지요. 水(수)의 기운이 없어요. 초조, 불안함을 느끼고 조급한 성품을 가지고 있습니다. 절대로 고분고분하지 않고 자신의 주장을 밀고 나가려는 성질이 강해요.

엄마의 사주를 보면 卯月(묘월-양력 3월)에 태어난 丙火(병화)입니다. 甲木(갑목)이 옆에 있고 바늘을 의미하는 辛金(신금)이 있지요. 현침살이 있고, 귀문관살이 있어요. 참을성이 부족하고 조급함과 갑갑함을 이기지 못합니다. 마음의 일관성을 유지하기 어려워요. 사주의 직업적성에 맞는 직업은 간호사가 있네요.

아이와 엄마의 궁합은 주체성이 강하고 고집이 지나쳐 서로 자기 생각이 옳다고 생각합니다. 다른 사람의 의견을 존중하지 않고 성급하고 융통성이 부족해요.

"엄마는 그러면 안 되지. 내가 왜 그랬는지 물어봐야지. 선생님도 혼내서 속상한데, 엄마는 나를 위로해 줘야지. 그 애가 먼저 나에게 시비를 걸었고, 내가 얼마나 참다가 때렸는데, 엄마도 나보고 잘못했다고 하면 안 되지."103

담임선생님이나 다른 학부모들에게 전화를 받았을 때, 보통은 아이를 먼저 야단을 치게 되죠. 아이의 마음을 살피기보다는 아이의 행동을 나무라게 됩니다. 그러나 아이가 울면서 이렇게 말을 한다면 어쩌시겠습니까?

"아이가 울면서 한 말에 많은 것이 담겨 있다. 아이의 이 한마디 한마디는 공감이 가닿아야 할 지점이 어디인지를 정확하게 알려주는 현장에 가깝다. 아이의 말을 받아들이고 성찰하는 엄마의 깨달음 또한 그렇다. 잘못된 생각과 행동을 한 사람에게 어떻게 공감할 수 있나. 본인에게 그걸 알려주지 않으면 계속 잘못된 길로 가지 않겠는가. 그런 걱정을 할 필요가 없다. 내 공감을 포갤 곳은 그의 생각과 행동이 아니라 그의 마음, 즉 감정이다. 존재의 느낌이나 감정이 공감 과녁의 마지막 중심점이다."104

정혜신 정신과 의사는 많은 사람들의 속마음을 듣고 나누었습니다. 힐링프로젝트 '누구에게나 엄마가 필요하다'를 통해 시민들에게 공감의 힘을 전파하고 있지요. 정혜신 의사는 〈당신이 옳다〉

에서 이렇게 말했습니다.

"친구를 때린 아이의 행동에 동의하지 않더라도 그때 아이의 마음을 알면 마음에는 금방 공감할 수 있다. 그것이 공감이다. 자기 마음이 공감을 받으면 아이는 자기의 잘못된 행동에 누가 말하지 않아도 빠르게 인정한다. 엄마와 아이의 관계에 어떤 불편함이나 부작용을 남기지 않은 채 아이는 모든 상황을 흔쾌히 수긍한다. 걱정할 것이 사실 없다."[105]

누군가의 행동과 생각이 그 사람의 마음과 별개라는 사실만 알아도 타인을 공감할 수 있어요. 누군가의 공감을 받은 사람은 아무리 닫힌 마음이라도 움직일 수 있죠.

이것이 공감의 힘입니다.

"담임에게 전화를 받았던 엄마는 좀 엄하게 이야기를 해야 할 상황이라 판단하고 아이와 이야기를 시작했다. 아이의 마음을 알기 전에 이미 스스로 판단하고 평가를 내린 것이다. 아이의 마음을 알기 전까지는 그 상황의 전모를 파악한 것이 아니라는 사실을 엄마는 미처 몰랐다. 엄한 표정으로 아이와 얘기를 시작하는 게 맞는 상황이라는 결론을 가지고 대화를 시작한 엄마는 그 순간 엄마가 아니라 결심 공판의 판사였다. 판결과 함께 처분을 내리는 것이 목적이지 아이의 마음을 궁금해 하지 않았다."[106]

마음이 어떠한가요? 누군가의 생각, 판단, 행동이 아무리 잘못됐어도 그의 마음에 대해 누군가 묻고 궁금해 한다면 복잡하게 꼬인 상황이 놀랄 만큼 쉽게 풀립니다.

"자기 마음이 공감 받았다고 느끼는 사람은 자기가 감당해야할 몫이나 대가를 기꺼이 받아들인다. 책임질 일이 있으면 기꺼이 진다. 자기 마음이 온전히 수용되었다는 느낌 때문이다. 억울함이 풀려서이다. 그러므로 '사람의 마음은 항상 옳다'는 명제는 언제나 옳다."[107]

| 4 장 |

인연의
전지적 참견
; 인연운

가족, 당연히 끌어안아야 할 평생의 업이지요. 하지만 가족이라는 꽃을 위해 내가 가진 거름을 모두 쏟아 부으면 나라는 꽃은 어떻게 될까요? 누가 물이라도 주기나 할까요? 내가 안녕하지 못하면, 가족의 꽃이 아무리 활짝 피어난들 그 아름다움이 마음 깊이 와 닿지 않는 법입니다.

#1

돈이 권력입니다

어머니는 자식을 자신의 뱃속에서 열 달이나 키우고 밤낮으로 돌봐 주었다. 어머니에게 자식은 '남'이 아니라 '나의 일부'처럼 생각된다. 그래서 가끔 자식이 나와는 다른 독립적인 인간이라는 사실을 잊어버리곤 한다. 그러다보니 자식에게 헌신하게 되고, 그 보상심리로 자식의 삶을 좌지우지하려 들게 된다. 특히 자식에게 들인 돈은 고스란히 권력이 되어 자식을 지배하게 된다. 사람이라면 어쩔 수 없는 마음이고, 자식이 잘되길 바라는 마음이야 알지만 자식이 나이가 들고 컸다면 그 마음을 내려놓아야 할 때이다.

상담자 딸이 어디 사는지 모릅니다.

선생님 그 전엔 어디 살았는데요?

상담자 미국이요.

선생님 언제부터 연락이 되지 않았나요?

상담자 한 달 전이요.

선생님 무슨 계기가 있었나요?

상담자 내가 반대했거든요. 딸이 사위랑 이혼하겠대요. 그래서 이혼은 안 된다고 반대했습니다.

선생님 아니, 42살의 딸 이혼에 대해 어머님이 이래라저래라 할 수 있는 권한이 없으시잖아요?

상담자 손자는 어쩌라고요.

선생님 어머니. 손자가 중요하기도 하지만 딸의 인생도 중요하잖아요. 왜 반대하셨나요?

상담자 사위가 고위공무원이었습니다. 그런데 고위공무원은 어느 정도 지나면 자리가 불투명해진다네요. 그래서 사위가 공부를 시작했어요. 교수는 정년이 길다고 교수를 해야겠다며 우리나라에서 석사 마치고 미국에서 5년 동안 지내며 박사를 마쳤어요. 이제 겨우 교수직 캐스팅을 받았고요. 딸도 공무원이었는데 그동안 휴직하고 미국 따라가서 아르바이트해 가며 사위 뒷바라지 다 했습니다. 미국도 내가 가라고 쫓았어요. 딸은 가지 않겠다 했는데 사위가 바람이라도 나면 어쩌느냐고 같이 보냈습니다. 이제 박사과정 공부 끝나고 교수 캐스팅되니 이혼이라니요? 고생고생 실컷 하고 왜 이제 이혼하느냐고 반대했어요. 하려면 사위 공부 끝나기 전에 하지.

선생님 그전에 딸이 이혼한다고 하면 어머님이 찬성했을까요?

상담자 안 했겠죠. 딸이 사위랑 못 살겠다고 몇 번 했었죠.

선생님 딸이 사위 공부랑 상관없이 이제라도 도저히 안 맞으면 헤어질 수 있잖아요. 어머님이 여기 오실 때 지하철 타고 오셨죠?

상담자 그랬죠.

선생님 어머니는 노포행 지하철을 타고 가려고 했는데 타고 보니 다대포행이었어요. 가다 보니 알게 되었죠. 그러면 타고 간 시간이 아깝고 돈이 아까워서 계속 다대포행을 계속 타고 가실 건가요? 아니면 내려서 다시 노포행 지하철을 타실 건가요? 결혼 생활도 그렇지 않을까요? 살다 보니, 참아보니 정 아닐 때는 그 결혼 지하철에서 내려야지요.

상담자 그동안 고생한 것이 아까워서 그렇죠. 그리고 손자는 어쩌라고요. 내가 결혼할 때 그렇게 안 된다고 반대했건만 기어이 결혼하더니 이혼이라니요?

선생님 뭐가 맘에 안 들어 반대하셨나요?

상담자 상견례에 가보니 사돈댁이 배려가 없더라고요. 사돈댁의 언행을 보고 사위가 배려심이 부족하겠다는 생각이 들었어요. 그리고 경제적으로도 너무 없는 집안이었습니다.

선생님 그러셨구나. 그래도 42살 딸의 결혼생활에 어머님이 참견하실 일은 아닌 것 같네요.

상담자 왜 안 돼요? 서울에 있는 집도 내가 해 줬고. 딸과 사위가 공무원으로 직장생활 할 때 손자를 제가 다 키워줬습니다. 혹시나 잘 못 될까 봐 얼마나 노심초사하며 키웠는데요. 또 사위가 미국에서 공부할 때도 내 도움이 많이 갔습니다.

선생님 따님 사주를 보면 공무원 할 수 있는 사주가 아니신데요?

상담자 그것도 내가 하라고 했죠. 공무원이 안정적인 직업이잖아요. 딸은 의대 가고 싶다고 그렇게 우겼는데 내가 못 가게 했습니다. 내 덕분에 명문대 갔잖아요. 그 뒤 20년 동안 내게 원망을 해 왔습니다. 의

대 못 가게 했다고. 지금 휴직 중인데 공무원 그만두고 뭐 영어 관련 사업을 한다고 하기에 반대했더니 연락을 끊어버리네요. 나쁜 년입니다.

선생님 듣고 보니 어머님은 딸의 학교 진로에 딸이 가고 싶은 곳을 반대하셨고, 결혼할 때도 반대하고, 별거나 이혼도 반대하고, 새로 일을 시작하는 것도 반대하셨네요. 저라도 어머님에게 연락하기가 무섭겠어요. 자신이 하고 싶은 일은 반대만 하시는 어머니에게 어떻게 연락할 수 있겠어요?

상담자 다 자기 잘 살라고 그러는 거잖아요.

선생님 어머니. 그렇게 딸의 인생을 조종하려 하셔서 딸이 행복해했나요? 딸은 어머니 입맛대로 움직이는 인형이 아녜요. 왜 그렇게 딸의 인생에 관여하시죠?

상담자 내가 딸 어렸을 때, 그때 돈으로 200만원 들여서 과외 시켜 명문대 보냈어요. 그때 200만원은 정말 큰돈이었습니다. 또 결혼시키고 집도 사줬죠. 사위가 공부할 때 제가 현금 1억을 통장에 넣어주었습니다. 그 정도 했으면 보상심리라는 것이 있잖아요. 내가 그만큼 해주었는데 왜 이런저런 말을 못 하나요? 이번에 이혼하거나 새로 사업 시작하려거든 서울 집 내 앞으로 가등기 해 달라 했습니다. 내가 사준 집인데 없애버리면 안 되잖아요.

선생님 부모가 자식에게 해 주는 것을 뭘 바라고 해 주나요? 차라리 주지 마시고 딸이 자유롭게 자기 살고 싶은 대로 살도록 해 주었으면 이렇게 연락까지 끊는 일이 없지 않았을까요?

상담자 앞으로도 연락이 안 올까요? 사위랑 이혼할까요?

선생님 연락은 오겠죠. 단 돈이 필요할 때에요. 사위랑 이혼은 할 것 같습니다. 시기만 문제일 뿐이네요. 이미 두 사람은 심정적 이혼은 오래 전에 한 것 같아요.

상담자 그러게. 내가 서울 딸네 집에 가서 자보면 따로 자더라고요. 미국에서 5년 살면서도 가보면 역시 따로 잤어요. 실컷 뒷바라지 다 하고 죽 쒀서 개 주는 것도 아니고, 아르바이트해가며 남편 학위 받게 해 주려고 고생했으면 그 보상은 받아야지 이혼을 왜 한답니까?

선생님 어머니. 제가 사주로 보면 이 두 분은 같이 못 살아요. 이미 다 큰 어른들이니 자신들이 선택하도록 놔두세요. 괜히 어머님 혼자 속 끓이지 마시고요. 이제껏 딸이 하고자 하는 일을 반대만 해 오셨잖아요. 그냥. 이혼하든, 사업을 시작하든 이제는 딸이 자신의 인생을 살아가도록 놔주세요. 그래야 딸과 관계회복이 되겠어요.

상담자 안 돼요. 난 절대 그 꼴을 못 봐요. 내가 딸에게 들인 돈이 얼마인데요. 나쁜 년이잖아요. 내 돈만 쓰고 자기 하고 싶은 대로 살고 싶다고 하는 놀부 심보가 어디 있어요?

선생님 아! 어머니. 어찌 그리도 모든 것을 잡고 가시려 하세요!

자식이 기대대로 존재하기를 바라는 어머님에게.

어머니의 사주를 보면 寅月(인월-양력 2월)에 甲木(갑목)으로 태어났습니다. 하늘에 뜬 태양 丙火(병화)는 '식신'이에요. 여자에게 자식을 의미하고요. 봄의 甲木 나무에 화려한 꽃이 핀 모습이에요. 매화나무에 꽃이 화사하게 피어 있습니다.

화려한 丙火 자식이니 명문대학에 진학하여 부모의 마음을 기쁘게 해 줍니다. 그러나 비록 자식이 사회적으로 명성을 얻는 자식이라도 효도를 하는 자식은 아니에요. 멀리 떨어져 가끔 만나면 좋은 관계예요. 역마살 위에 앉은 아웃사이드 인연이기 때문이죠. 서로의 생활을 인정해 줘야 하는 자식인연입니다.

딸의 사주를 보면 酉月(유월-양력 9월)에 태어난 庚金(경금)입니다. 태어난 년과 월의 하늘에 丙火와 丁火(정화)가 떠 있어요. 金(금)에게 火(화)는 남편을 의미하죠. 남편을 의미하는 '관성' 두 개가 섞여 있어요. 庚金과 같은 기운인 酉金(유금) 위에 丁火가 있으니 남편은 다른 여자와 인연이 있는 남자입니다. 부부궁에 원진이라는 기운도 같이 있어서 두 번째 남자 인연도 약하네요. 배우자덕이 약한 사주예요.

어머님에게 딸은 독립된 인격보다는 '나의 일부'처럼 생각이 들었을 테죠. 문요한 정신과 의사이자 작가의 책 〈관계의 시간〉에서는 이것을 '관계의 소유욕'이 생긴 것이라고 해요.

"관계의 소유욕은 연인이나 배우자뿐 아니라 자녀를 향한 경우도 많다. 자기의 삶에 대한 희망 대신 자녀의 삶에 대한 희망에 기대어 삶을 살아가며, 자신의 기대와 욕망을 끊임없이 자녀에게 주입한다. 상대의 개별성을 고려하지 못하고 상대를 자기욕망 충족 대상으로 바라보는 것이다."108

어머니.

42살 딸의 삶에는 딸 자신의 선택이 없었습니다. 학교도 딸이 원하는 곳이 아니라 어머님이 원하는 곳으로 가게 했고, 직장도, 결혼도 모두 어머님의 입맛에 맞도록 살게 하셨어요.

딸의 그동안 인생은 한마디로 어머님의 꼭두각시 역할이었던 거죠. 어머님처럼 관계의 소유욕이 강한 사람들의 특징이 있답니다.

"1. 내면의 결핍이나 삶의 불만을 관계를 통해 채우려고 한다.

2. 가까워지면 상대가 나와 다른 마음을 가진 개별적인 사람이라는 사실을 잊고 만다.

3. 가까워질수록 상대에 대한 비현실적인 기대가 많아지고, 상대가 자기 기대대로 바뀌기를 요구한다. 상대가 바뀌지 않으면 몹시 고통스러워하고 불행하다고 느끼며, 상대를 가해자로 자신을 피해자로 여긴다.

4. 자신을 늘 이해해주기를 바라고, 표현하지 않아도 자신이 원하는 것을 알아서 해주기를 바란다.

5. 비대칭적인 기준을 가지고 있어, 정작 상대방이 자신에게 무엇을 원하는 지에 대해서 별 관심이 없다."[109]

그동안 딸에게 해 오던 어머님의 모습이 보이시나요?

어머님의 요구와 그 요구에 계속 끌려온 딸의 관계는 절대로 수평적 관계일 수는 없습니다. 어머님과 딸은 서로를 힘들게 하면서도 끌고 끌려가는 상황에서 쉽게 벗어나지 못하며 계속 유지해 왔어요. 이제는 관계의 사슬을 끊어야 하지 않을까요?

"생긴 지 오래 된 끈일수록 끊어내려고 하면 더 깊이 꼬여버리는 경우가 많다. 마치 옛이야기에 등장하는 고르디우스의 매듭과도 같다. 옛 프리기아의 수도 고르디움에는 고르디우스의 전차가 있었는데, 그 전차에는 매우 복잡하게 얽힌 매듭이 달려 있었다.

그것을 푸는 사람은 온 아시아를 정복할 수 있다는 전설이 전해졌지만 너무 복잡하게 얽혀 어느 누구도 풀지 못했다. 그런데 그 지역을 지나던 알렉산드로스대왕이 그 얘기를 듣고는 서슴지 않고 단칼에 매듭을 잘라버렸다. 감정으로 얽힌 인간관계는 곧 고르디우스의 매듭이다. 이 매듭은 결국 '대담한 방법을 써야만 풀 수 있는 삶의 문제'를 상징한다."[110]

결국 딸은 어머님에게 자신의 행방을 숨김으로써 꼬여 있는 관계를 끊어보려고 시도한 것은 아닐까요? 더 이상 어머님에게 끌려가는 삶이 아닌 스스로 결정해서 걸어가는 삶을 선택한 것은 아닐까요?

어머님은 돈이라는 무기로 그동안 딸을 조종하고 굴복시킨 것은 아닌지 깊이 생각해 보셔야 해요. 딸의 이혼 선택과 행방을 알리지 않는 행동이 어머님 입장에서는 배신처럼 느껴지겠지만, 이제라도 관계의 끈을 잘라내려는 딸의 마음도 고통스럽기는 마찬가지일 것 같아요.

42살까지 어머님에게 끌려가는 삶이었다면 스스로 자신을 책임지고 해결해가는 삶을 선택한 딸의 용기에 박수를 보내고 싶습니다. 언제까지 어머님이 딸의 삶을 좌지우지할 수만은 없어요.

이제는 딸의 감정, 생각, 취향, 선택 등을 존중해 줘야 딸이 자립

할 수 있습니다.

"부모는 '아이를 위해서'라는 이유로 수많은 희생을 한다. 사실 부모라면 누구나 자녀가 행복하게 살기를 바란다. 어쨌든 희생과 헌신이 아이들이 스스로 삶의 주체로 설 수 있는 발판이 되었다면 다행이지만, 부모에게서 벗어날 수 없는 족쇄가 된다면 정말 비극이 아닐 수 없다."[111]

과연 어머님의 헌신적인 노력으로 딸이 행복했을까요? 어머님은 행복하셨나요?

문요한 의사는 말합니다.

"부모는 아이를 앞에서 끌고 가는 사람이 아니라 뒤에서 밀어주는 사람일 따름이다."[112]

#2

부모운, 자식운 없는 사람들

나에겐 딸이 있다. 딸이 손녀를 낳아 기른 지 1년이 지났다. 지난 1년간 깨달은 것이 있다면, 내가 30년간 바라보던 딸과 손녀의 엄마로서 지켜보는 딸은 정말 차이가 많이 났다. 손녀를 키우는 엄마로서 딸은 현명했다. 미처 알아보지 못한 성품과 능력에 놀라곤 했다. 엄마와 딸의 관계는 그렇다. 엄마가 바라보는 딸은 한없이 보살펴줘야 할 것만 같고, 자꾸 나아가야 할 방향을 지시해줘야 할 것만 같다. 사회에 내보내자니 불안하고 무서운 마음에 그러는 것이다. 그러나 딸을 하나의 사람으로서 바라봐야 할 때가 있다.

상담자 제 큰딸과 자주 싸웁니다. 어쩌면 좋을까요?

선생님 주로 무엇 때문에 싸우나요? 어차피 이 딸은 공부로 뭔가를 이루는 사주는 아닌데요.

상담자 저도 공부는 포기했어요. 그래도 특성화고에 가면 더 공부를 하지 않을 것 같아서 이왕이면 공부하는 애들 틈에 있으면 좀 낫겠다 싶어서 인문계 고등학교에 보냈어요. 그런데 영 공부에 흥미를 못 느끼네요.

선생님 이 아이를 공부로 바라보면 한없이 부족하게 느끼실 거예요. 지금 아이가 지나가고 있는 운은 특히 공부와 멀어지는 운을 지나고 있어요. 이 아이는 자퇴하면 검정고시를 보지 않을 겁니다. 그러면 최종학력이 중졸이 되겠죠. 그래서 어쨌든 고등학교 졸업을 하게 하는 것이 최종 목표이고요. 아이가 고졸 졸업장을 손에 쥐면 아이는 최선을 다한 겁니다.

상담자 그래도 대학은 가야 하지 않을까요?

선생님 아이 사주에 4년제 대학 졸업장은 약해요. 대학에 입학하더라도 휴학이나 자퇴 등으로 졸업을 못 할 가능성이 높다는 뜻이에요.

상담자 그래서 제 속이 터져 아이와 자꾸 싸우는 거예요.

선생님 이 아이는 프로가 될 수 있는 사주입니다. 그런데 그 프로는 학교 공부해서 익히는 것이 아니라 직접 몸으로 부딪쳐서 이루는 경우네요. 김밥을 말아도 달인이 될 수 있고, 미용을 배워도 프로가 될 수 있어요. 다만 학교 공부로만 아이를 판단하면 아이는 루저가 됩니다. 지금 머릿속에 들어오지 않는 학교수업을 따라가느라 많이 힘겨운 시간을 보내고 있을 거예요. 졸업을 위해 학교 수업시간을 채우더라도 나머지 시간은 본인이 하고 싶은 것을 찾아 배워보도록 학원을 보내면 좋겠네요.

상담자 그렇잖아도 그러고 있어요. 미용기술을 배우고 싶다고 해서 미용학원을 보냈는데, 그곳에서 미용보다는 네일을 배워보라 해서 지금 네일아트 수업을 받고 있다고 해요.

선생님 잘 하셨네요.

상담자 그런데 그조차도 열심히 하지 않으니 제가 속이 터져요.

선생님 어머니는 18살에 자신의 인생목표를 잡으셨나요?

상담자 아니요. 그냥 학교 다녔죠. 그때는 뭐가 뭔지 모르잖아요.

선생님 아니. 본인은 18살에 뭐가 뭔지 모르셨다면서 지금 딸에게는 열심히 하지 않는다고 잔소리하는 거잖아요. 지금 어머니는 부모가 아니라 학부모입니다. 학부모는 공부나 아이의 미래를 위해서 아이를 다그치는 사람이고요, 부모는 지금 내 아이의 생각과 행동을 살펴 아이의 행복한가를 고려하는 사람이죠. 대부분 아이를 위한다는 명분으로 부모보다는 학부모가 많아요.

상담자 저도 아이의 공부는 좀 포기했어요. 그래도 열심히 사는 모습은 보여야 하잖아요.

선생님 어머니 사주를 보면 말이 잔잔하게 나가는 성품은 아니세요.

상담자 네. 저도 알아요. 그래서 사람들이 오해를 많이 해요. 직설적으로 말한다고 싫어하기도 하고요.

선생님 그 직설화법이 지금 딸들에게 고스란히 전해져서 예민한 아이들이 상처를 받고 있어요.

상담자 알아요. 그런데 아이들과 얘기를 시작하면 어쩔 수 없어요.

선생님 47년을 살아오신 어머니도 자신의 단점을 고치기 어려워하는데, 이제 겨우 18년을 살고 있는 딸이 얼마나 반듯한 삶을 살 수 있을 거라 기대하고 아이를 대하시나요?

아무리 바른 말이지만 아이들에게는 잔소리로밖에 들리지 않아요. 엄마의 말이 바늘이 되어 아이들 가슴을 콕콕 찌르고 있네요.

상담자 자꾸 화가 나니까 더 날카로운 말만 골라 하게 되네요. 일부러 아프라고 독한 말을 골라서 하게 돼요. 그러면 아이가 좀 알아듣고 바뀌려나 싶어서이기도 하고요.

선생님 제가 계속 들어보니 독한 말을 하시는 것은 습관인 것 같아요. 일부분은 어머니의 화풀이도 있고요.

상담자 그렇긴 해요.

선생님 이러다가 아이가 성인이 된 후에 아이와 의절할 수도 있겠어요. 아이의 사주구조가 부모형제 떠나는 형태거든요. 자식을 위한 잔소리였다고 하지만 어머니가 아이에 대한 기대를 내려놓으셔야 아이와의 문제가 해결될 것 같습니다.

상담자 그럼. 아예 아무 말도 안 하고 아이를 투명인간 취급하며 지내면 될까요?

선생님 네? 아이를 왜 투명인간 취급해요? 너무 극단적이시네요. 말만 독하게 하시는 줄 알았더니 생각도 극단적이세요. 아이가 얼마나 상처받겠어요?

상담자 그건 아닌가요?

선생님 아이에 대한 기대를 내려놓고 기다려주면서 미래의 딸만 생각하지 말고 지금 내 곁에 있는 딸을 소중히 생각하라는 말인데, 투명인간 취급이라니요? 공부를 못해도 내 딸이고 열심히 안 살아도 내 딸이라는 뜻이에요. 부모에게 툴툴거려도 소중한 내 딸이잖아요. 그 소중함을 되새기면서 아이를 대해 보라는 뜻입니다.

상담자 제가 좀 극단적인 면이 있어요.

선생님 사람이 모두 학창시절에 공부를 잘할 순 없어요. 학교공부가 인생의 전부가 아니라는 것을 47년을 사는 동안 알아 왔잖아요. 아이가 몸으로 익혀서 하는 일은 프로가 될 에너지를 갖고 있으니 공부만으로 아이를 판단하지 말고 아이가 무엇을 좋아하는지, 무엇에 관심이 있는지 관찰해 보고 지원해 주세요. 때론 좋아하는 것이 바뀌더라도 그러면서 자신의 길을 찾아가는 과정이니 너무 다그치지 말고 기다려주세요. 아무리 그래도 딸의 인생은 딸이 운전대를 잡아야 합니다. 엄마는 딸의 인생자동차에 연료를 넣어주는 역할밖에는 없어요. 엄마가 대신 딸 인생 운전대를 잡고 좌지우지하지 마시길 바라요.

'엄마'가 처음인 엄마에게

엄마의 사주를 보면 亥月(해월-양력 11월)에 태어난 辛金(신금)입니다. 水(수)는 자식 그릇이죠. 하늘에 癸水(계수) 작은 물 두 개가 있고, 땅에 亥水(해수) 큰 물이 있어요. 자신의 기운에 비해 자식의 기운이 더 강하네요. 엄마가 감당하기 어려운 자식입니다.

자신을 나타내는 辛金은 날카로운 金(금)입니다. 표현력을 의미하는 水를 통해 말이 나가니 차갑고 냉정하죠. 직설적으로 말을 하게 되고요. 말을 받는 상대의 가슴에 바늘처럼 꽂히는 말들을 하게 됩니다. 맑은 물에는 물고기가 살기 힘들다 했어요. 아무리 바르고 좋은 말이더라도 상대에게 아픈 말은 상처를 줍니다. 말을 순화하여 표현하는 연습을 해야 해요.

딸의 사주는 戌月(술월-양력 10월)에 태어난 戊土(무토)입니다. 큰 산인 戊土가 하나 더 있고, 戌土(술토), 辰土(진토)도 있지요. 큰 산들이 겹쳐 있는 모습이에요. 자신의 고집이 대단합니다.

가을 산은 단풍이 들어 아름다워야 하는데 웬일인지 나무(木)가 없는 민둥산이네요. 나무의 의미는 직장이면서 학생 때는 학교에요. 기술을 의미하는 辛金 상관이 하나 있어요. 공부는 싫고 기술직으로 나아가야 하는 사주죠. 독립적인 일을 해야 합니다. 土(토)는 믿음과 포용력이에요. 남들처럼 살려고 하지 말고 사주에 잘 되어 있는 기운을 활용하며 살면 됩니다.

〈다음 생엔 엄마의 엄마로 태어날게〉의 저자 선명 스님의 글도 엄마 입장에서 읽어보면 미안하고 대견하고, 딸 입장에서 보면 나는 저런 생각을 하지 못했구나 싶어 우리 엄마에게 죄송스러웠어요. '세상의 모든 딸들에게 보내는 스님의 마음편지'라는 부제가 더 가슴을 뭉클하게 하네요.

"내가 너 때문에 죽을 수도 없다.
왜 나를 죽지도 못하게 하니…"
울면서 어린 나를 때리던 엄마.
때린다고 때리는데 너무나 힘이 없어
마치 버들가지가 스치는 것처럼 느껴졌던,
한없이 작았던 엄마…

엄마는 아침에 눈뜨는 것이 가장 두렵다 했었지요.
어린 오빠와 나를 두고 차마 죽을 수가 없어
버티고 살던 엄마의 나이를 생각해보니

지금의 내 나이쯤이었습니다.

엄마의 목숨 값에는 내가 매달려 있었고,
나의 스님 값에는 엄마가 얽매여 있었습니다.
그것이 사는 이유, 아니 살 수 있는 이유입니다.

다행이지요.
내가 없었더라면 엄마는 고통을 견뎌내려 하지 않고
열 번, 스무 번 죽음을 택했을 겁니다.
엄마가 없었더라면 나는 힘듦을 이겨내려 하지 않고
열 번, 스무 번 스님을 그만 두겠다 했을 겁니다.
항상 이겨내고 견디고 끝까지 버텨야만 결과가 있습니다.
엄마는 나 때문에 사는 삶을,
나는 엄마 덕분에 어리석음에서 벗어나는 삶을 살아갑니다.

세상에서 가장 의미 있고 중요한 일은
첫째는 존재하는 일이고,
둘째는 나로 존재하는 일입니다.
엄마와 나는 그 중요한 두 가지 일을 위해
서로를 이끌고 밀어줍니다.
20년 전 산을 오르던 그날처럼

앞에서 끌고 뒤에서 밀어주며 그렇게 나아갑니다.
숨이 차오르게 무겁지만
얼마든지 짊어질 수 있는 짐을 지고 말입니다.**113**

내가 밥을 안 먹는다고 속이 바짝바짝 타는 이가
세상천지에 엄마 말고 또 누가 있을까요.
그걸 알기에 아주 못되게 갑질을 하는 겁니다.
사탕을 주지 않으면 바닥에 드러누워 앙앙 울어버리는
어린아이의 심술을 나는 아직도 지니고 있습니다.

가끔 심술이 나지 않고 고요한 날이면,
주지스님이 계시지 않았다면… 하는 생각을 합니다.
아무도 내게 밥 먹어라, 옷 바로 입어라,
엄마 버텨줄 때 서둘러 공부해라
엄마가 평생 바람막이 해줄 것 같으냐, 어서 기도해라.
하지 않을 겁니다.

누가 그런 말을 해줄까요.
누가 그런 마음을 줄까요.
…

모든 이에게 엄마가 있습니다.
하물며 축생에게도 미물에게도 어미가 있습니다.
엄마가 외할머니에게도 심술을 부렸을까요.
말도 안 되는 갑질을 했을까요.
세상에는 내리사랑만 있지 치받이 사랑은 존재하지 않는다고.
그래서 세상이 존재할 수 있다고들 합니다.
세상이 존재하라고 엄마가 있는 것이고,
딸들은 또 자연의 순조로운 이치에 순응하느라 못됐나 봅니다.[114]

부모가 자식에게 바라는 건
진정으로 잘 사는 것입니다.
오늘 이 시점, 지나온 과거,
아픔을 새롭게 해석할 수 있는 능력을 길러서
소중한 내 자식이 울지 않고
인생을 잘 살아가기를 바라는 것입니다.

"공부해라"라는 말은
좋은 대학 나와 좋은 직장에 들어가고,
돈 많이 벌어 잘살라는 뜻이 아니라,
아는 것 많고 배운 것 많은 사람이 되어

자기 삶을 똑똑하게 해석하는 힘을 기르라는 말입니다.

그래서 아파하지 말고 단단하게 살라는 뜻입니다.

부모님들도 "공부해라"에 담긴 의미를 가끔씩 헷갈리시는 것 같지도 하지만,

궁극적으로 그 말씀에는

'내 자식아 아프지 말아라'하는 바람이 담겨 있습니다.[115]

#3

다 큰 자식들의 연애사

◇◇◇◇◇◇◇◇◇◇◇◇◇◇

성인인 자식들의 연애나 결혼까지 통제하려는 부모님들이 생각보다 많다. 이유를 물어보면, 자식을 위한다는 말만 한다. 그러나 자식 위하기보다 자식의 애인들을 지적하고 걱정하는 부모가 훨씬 많다. 내 자식을 위해서 남의 자식들을 평가한다. 마음이야 이해가 된다. 하지만 살아보니 그건 아닌 것 같다는 생각이다. 삶에는 정답 매뉴얼이 없다. 간섭인 줄 모르고 자식의 삶을 간섭하는 부모들에게, 따끔한 말 한 마디를 하고 싶다. 정말 그것이 자식에 대한 사랑일까?

이야기 1

상담자 아들이 여자를 한 명 사귀고 있습니다.

선생님 잘 됐네요. 46살 아들에게 여자가 생긴 것은 축하할 일이네요. 아들의 사주는 여자와 인연이 약한 사주예요. 결혼이 늦던가, 결혼해서도 이혼, 별거, 각방 사용, 주말부부, 기러기 생활을 할 확률이 높아요. 여자 그릇도 반듯한 상황이 아니라 부족해 보이는 인연을 만날 가능성이 높고요. 또 부부 그릇에 여자가 들어 있는 것이 아니라 어머니가 들어 있는 모습이니 어머니의 기운은 아들의 연애나 결혼에 방해가 됩니다. 자식의 여자 문제나 결혼 문제에 관여하지 않으시길 권해 드려요. 그런 아들에게 여자가 생겼다는 것은 좋은 일 아닌가요? 2017년에 여자가 들어서는 운이었네요.

상담자 작년 말에 만났나 봐요. 지금 아들이 나랑 같이 사는데 여자에게 빠져 있어서 큰일이에요. 여자를 만나는 것은 좋은 일인데 그 여자의 나이가 21살이라서 걱정스러워 찾아왔어요. 언제 헤어질까요? 혹시 아이라도 낳고 여자가 가버릴까 봐 그러죠. 아들과 10살만 차이가 나도 걱정을 덜 하겠는데 지금 21살에 이제야 고등학교 다닌다고 하니 어쩌면 좋을까요?

선생님 너무 어리네요. 그런데 아들은 여자의 나이와 상관없이, 만약에 아들과 자연스러운 40대의 여자를 만났더라도 인연이 길지 않는 사주예요. 나이 어린 것이 문제가 아니라는 뜻이죠. 앞으로도 그렇고요.

상담자 혹시 아들사주에 여자가 죽는 것도 있습니까?

선생님 네. 36세에서 41세 사이에 여자가 곁에 있었다면 좋지 않은 일을 겪을 수도 있는 운을 지나오셨습니다.

상담자 35살에 애 딸린 나이 많은 여자를 만나서 1년 같이 살더니 여자가 밤에 갑자기 죽는 일이 있었어요. 아들의 결혼운은 어떤가요?

선생님 글쎄요. 아드님은 딱히 언제라고 말씀드리기 곤란하네요. 결혼운이 약하다는 뜻이고, 인연을 맺더라도 길지 않을 것 같아서요.

상담자 어쩌면 좋습니까? 어떻게 뜯어말릴까요?

선생님 어머니. 곁에서 보면 아무리 끝이 보이는 인연이더라도 46살의 아들 연애사에 어머님이 이래라저래라 하는 것은 아닌 것 같습니다. 한 달을 살든, 1년을 살든, 10년을 살든 아들의 일 아닐까요?

상담자 여자가 애라도 낳아놓고 도망갈까 봐 그러죠. 자식만 안 놓고 지낸다면 무슨 걱정을 하겠어요?

선생님 아직 생기지도 않은 일을 가지고 미리 짐작하고 걱정하시면 세상에 무슨 일을 하실 수 있겠어요?

상담자 그래도 워낙에 나이 차이가 나니까 걱정이 안 될 수가 없어요. 어떻게 뜯어말릴지 고민해 봐야겠습니다.

선생님 어머니. 46살 아들의 삶에 간섭하려 하지 마시고 21살이라는 너무 큰 나이 차이 나는 아가씨를 만났더라도 만나는 동안만이라도 행복해하며 잘 지내기를 기도해 주세요. 모든 인연은 끝이 있습니다. 좋지 않은 결과를 미리 설정하셔서 걱정하지 말고 예쁘게 잘 지내기를 기도해 주세요. 이미 만난 인연이고 내 아들이 좋아하는 인연입니다. 어머니의 잣대로 두 사람의 관계를 저울질하지 마시고 기도해 주세요. 부모는 기도밖에 할 것이 없다고 생각합니다.

상담자 그래야 하겠지요. 아들이 내 말은 듣지도 않을 것이고.

선생님 네. 일단 만났으니 잘 지내라고 기도하시고요. 혹시 아기라도 임신하면 건강한 아기 태어나게 해달라고 기도해 주시고요. 끝이 보이는 인연이라지만 아기 엄마가 어느 정도 아기가 클 때까지라도 곁에서 키워주길 기도해 주세요. 헤어지라고 기도하지 마시고요.

이야기 2

상담자 울 아들 결혼운이 언제나 들어 있습니까?

선생님 지금이 39살이니, 41살 이후 가능성이 높네요.

상담자 아들 옆에 아가씨가 하나 있었어요. 몇 년 사귀다가 올 초에 헤어졌네요. 헤어진 후 울 아들이 선보러 다닌다는 말을 듣고 아가씨가 다시 찾아와 아들을 자꾸 만나네요.

선생님 아가씨가 옆에 있는데 무슨 걱정이시죠?

상담자 아가씨 사주를 좀 봐주세요. 옳은 결혼 생활이 가능할까요?

선생님 뭐. 아가씨 사주는 좀 걱정되는 부분이 있네요. 성격적으로 누구라도 이 아가씨와 지내기가 쉽지는 않을 것 같아요.

상담자 그렇죠? 우리도 그 부분이 맘에 안 들어서 그래요. 아들도 아가씨의 성격을 감당할 수 없다고 헤어졌거든요.

선생님 그랬군요. 부부 그릇이 약해서 결혼을 하더라도 걱정은 좀 되는 구조예요. 그러나 인연법이 있는 사람들이라 헤어짐이 쉽지는 않을 것 같네요.

상담자 그러니까 헤어졌다 만나고. 또 헤어졌다 만나고를 반복하겠죠. 이 아이들을 말릴 방법은 없을까요?

선생님 39살이나 먹은 아들이 알아서 할 일 아닌가요? 아무리 부모라도 성년이 된 자식들의 연애사를 간섭하는 것은 아닌 것 같고요.

상담자 뻔히 행복하지 않은 결혼생활을 할 것이 보이는데 부모가 어떻게 가만히 있습니까?

선생님 그것 또한 아들의 선택 아닐까요? 아무리 성격 좋고 궁합 좋고 직업 좋고 집안 좋아서 결혼하더라도 헤어질 사람들은 헤어져요. 미리 짐작하고 걱정해서 말리는 것은 아닌 것 같습니다.

상담자 아들이 섶을 지고 불 속에 뛰어드는 꼴인데 어떻게 가만히 있나요?

선생님 충고나 조언은 할 수 있으나 최종 결정은 아들이 하는 것 아닐까요? 그 결정에 대한 책임을 지는 것이 성인이고요. 자꾸 부모님이나 옆에 있는 사람들이 걱정한다는 이유로 자식 일을 좌지우지하려는 것은 옳지 않아 보여요.

상담자 살아보니 아닌 것은 아니라는 확신이 들어요. 자식일은 곧 내 일이기도 하고요. 어떻게 가만히 두고만 보나요?

선생님 물론 살아온 경험과 지혜가 있으니 조언은 할 수 있겠죠. 그러나 39살의 아들은 내 자식이 아니에요. 이미 한 사람으로서 세상을 살아가는 어머니와 별개의 인격체이죠. 아들의 판단과 결정을 존중해 줘야 한다고 생각합니다.

특히 연애사는 더더욱 간섭하면 안 된다고 생각해요. 연애 문제는 상식으로 이해할 수 없는 작용이 있어요. 그것까지 부모가 통제하고 간섭한다는 것은 너무 과한 것 같네요. 잘못된 선택을 하더라도 그 또한 그 자식의 인생길이 아닐까요? 어머니는 육십 평생 살아오시면서 현명한 선택만 하고 살아오셨습니까? 실수도 하고 실패도 하면서 지혜라는 것이 생긴 것 아닐까요? 우리의 자식들도 실수도 하고 잘못된 선택도 하며 살아가는 것이 자연스러운 거죠. 그래야 그들에게도 지혜를 얻을 사건이 되어주죠.

성인이 된 자식의 연애사는 그냥 지켜보시기를 권합니다. 뽀뽀를 해도 아들이 하고, 여자를 품에 안고 잠을 자도 아들이 해야 할 일이에요. 어머님이 대신 뽀뽀해 주고 잠을 잘 수는 없잖아요. 그냥 지켜보시기를 권합니다.

상담자 그렇긴 한데. 맘이 안 놓여요.

선생님 네. 자식일은 언제나 마음이 안 놓이죠. 그러니 자식 일은 걱정하는 것이 아니고 기도하는 거예요. 아들이 좋은 인연을 만나길 기도하고, 그 인연과 행복한 시간을 보낼 수 있도록 기도해 주는 것이 부모의 할 일이에요. 부모의 잣대로 아가씨를 판단하지 마시고요. 그 아가씨도 누군가에게는 귀한 딸입니다. 내 자식이 귀하면 다른 사람의 자식도 귀히 여겨 주세요.

사랑이라는 이름으로 자녀의 연애와 결혼까지 간섭하려는 어머니에게.

첫 번째 사례의 아들 사주를 보면 申月(신월-양력 8월)에 태어난 丙火(병화)입니다. 가을의 태양이죠. 가을의 태양은 오곡을 익게 만드는 귀한 에너지이죠. 그런데 하늘에 丙火, 丁火(정화)가 하나씩 더 있습니다. 하늘이 불들로 이글거리죠.

땅에는 亥水(해수), 申金(신금), 寅木(인목) 역마들이 뛰어다닙니다. 지진이 일어난 거죠. 흔들흔들 삶의 기반이 자꾸 무너져요. 안정된 가정생활을 꾸려가기가 쉽지 않은 거죠.

여자를 의미하는 金(금)들은 자신의 태양 아래 있지 않고 다른 丙火와 丁火 아래에 앉아 있습니다. 자신의 여자들이 아니에요. 인연 따라 왔더라도 다시 떠나게 되죠. 부모님의 눈에 아들 삶이 답답해 보일 수 있지만 그 삶을 살아내는 아들은 누구보다 힘들 거예요. 아들에게는 그 삶도 소중한 자신의 삶입니다. 응원하고 지지해 줘야 해요.

두 번째 사례 아들의 사주를 보면 亥月(해월-양력 11월)에 태어난

丁火(정화)입니다. 부인을 나타내는 辛金(신금) 두 개가 나란히 떠 있죠. 그중 하나는 丁火와 같은 기운인 巳火(사화) 위에 있어요. 다른 남자 위에 내 여자가 앉아 있는 모습입니다.

땅에는 亥水(해수) 역마 세 개가 나란히 있으면서 巳火 하나를 공격하고 있습니다. 亥水는 丁火에게 자녀예요. 역시 안정된 가정생활이 어려워요. 좋은 인연을 만날 기회도 적죠. 사주에 부부운이 약하다고 포기하고 살아야 하는 거예요. 나름의 인연법으로 살아가죠. 오고가지만 그 또한 귀한 인연이에요.

삶을 순간순간에 집중해 살다 보면 오가는 인연에 연연해하지 않아요. 시절 인연에 따라 인연도 마음도 움직입니다.

정신의학자 엘리자베스 퀴블러 로스와 그 제자 데이비드 케슬러가 죽음으로 내몰린 사람들을 만나 인터뷰한 〈인생수업〉에서 "살고(Live), 사랑하고(Love), 웃으라(Laugh). 그리고 배우라(Learn)."라는 조언을 하고 있습니다.

"매일 저녁 집에 돌아오는 아들은 여자 친구한테서 얻은 끌사나운 색 바랜 티셔츠를 입고 식탁 앞에 앉아 있었어요. 아들이 그 옷을 입고 있는 걸 이웃 사람들이 보고 자식 옷도 제대로 못 입힌다고 흉볼까 봐 걱정이 되었어요. 아이는 늘 패거리들과 함께 거기 앉아 있었거든요. 매일 저녁 집에 돌아오면 난 옷차림부터 시작해 아이를 야단쳤어요. 이것저것 꼬투리를 잡아 … 우리는 늘 그런 식이었어요. 문득 이런 가정을 해봤어요. '만일 아들이 죽는다면, 난 어떤 기분일까?' 마음속으로 계속 이렇게 끔찍한 시나리오를 쓰면서 그 아이의 장례식에 대해서도 상상해 봤어요. 나는 아들에게 정장을 입혀서 묻지는 않을 거예요. 정장을 입는 타입의 아이가 아니거든요. 그 애가 그토록 좋아하던 지저분한 티셔츠를 입혀서 묻을 거예요. 그렇게 그 애의 삶을 기리게 될 거예요. 그러자 이런 생각이 들었어요. '아들이 죽고 나서야 나는 비로소 그 애를 있는 그대로 사랑해 주겠구나.' 그 애가 살아 있는 동안에는 그런 선물을 줄 생각이 없었던 거예요. 갑자기 그 티셔츠가 아들에게는 큰 의가 있을 거라는 생각이 들었어요. 그날 밤 집으로 돌아가서 아들에게 마음대로 티셔츠를 입어도 좋다고 말했어요. 그리고 아들을 있는 그대로 사랑한다고 말했어요. 아들을 내가 원하는 모습으로 바꾸겠다는 생각을 버리고, 있는 그대로의 그 애를 사랑하는 기분은 정말 행복했어요. 이제 나는 더 이상 아들을 완벽하게 만들려고 하지 않아요. 지금 이대로의 모습도 사랑스럽다는 걸 알았거든요."[116]

자녀의 연애 대상자를 부모님 입맛에 맞는 조건으로 바라보지는 않았는지요. 아들이 좋아하는 티셔츠가 낡고 보기 싫어도 아들이 좋아하면 그걸로 인정해 줘야 하는데 자녀를 위한다는 명목으로 남들의 시선을 의식하고, 부모님이 바라는 조건에 맞춰보지는 않았는지요.

부모님들의 기대와 요구가 결국은 자녀와의 갈등의 씨앗이 되죠. 자녀의 연애상대자가 부모님의 마음에 들지 않으면 어떻습니까? 사랑은 자녀가 하는 것이고, 부모는 지켜보는 역할입니다.

"많은 사람들은 자신들이 가정의 '관리자'에 불과했음을 알게 됩니다. 이것을 깨닫고 나면 그들은 자신들이 사실 가족과는 전혀 조화를 이루지 못했다고 말합니다. 상황을 이해하지도 못한 채 부모와 자식, 형제들을 항상 행복하게 해주어야 하는 책임을 떠맡았고, 갈등을 해결해야 했으며, 식구들에게 돈을 빌려 주고, 직장 구하는 것을 도와주었습니다. 어느 순간 당신은 그런 짐스러운 역할이 당신 자신이 아니라는 걸 깨닫고 그것을 놓아버립니다."**117**

놓아줘야 해요. 어머니 역할, 아버지 역할을 놓아야 진정으로 자녀를 한 사람으로서 바라볼 수 있어요. 우리가 병에 걸려 더 이상 어머니, 아버지의 역할을 할 수 없는 날이 올 수도 있습니다. 그런 때가 와도 자녀의 인생을 책임질 수 있을까요?

"엄마들이란 다 그렇습니다. 항상 자식을 보호하고 싶어 합니다. 엄마는 소년이 동네를 한 바퀴 돌 동안 계속 아이를 잡아주고 싫어 했습니다. 하지만 그것은 아이의 위대한 승리를 빼앗은 일이고, 엄마도 그것을 이해했습니다. 그녀가 아들을 위해 할 수 있는 마지막 일은, 아이가 마지막 소원을 이루는 동안 사랑이라는 이름으로 아이를 보호하고 싶은 충동을 참는 것이었습니다. 우리는 아이가 자전거를 타고 달리는 동안 기다렸습니다. 시간이 마치 영원처럼 느껴졌습니다. 모퉁이에서 아이가 간신히 균형을 잡으며 나타났습니다. 끔찍할 정도로 파리하고 창백해서 아무도 그가 자전거를 탈 수 있으리라고 생각하지 못했습니다. 하지만 아이는 밝게 미소 지으며 우리에게 달려왔습니다."[118]

보호해 주고 싶은 마음을 누르는 것은 어렵죠. 다 큰 자녀의 연애나 결혼까지 간섭하는 이유는 자녀를 보호해 주고 싶다는 마음이라는 것을 압니다.

그러나 언뜻 보면 부모가 보호해 주는 듯하지만, 사실은 자녀를 부모의 통제하에 두고자 하는 마음입니다. 자녀를 부모의 틀 안에 가두는 행동이죠. 자녀와 삶의 거리를 두어야 해요.

"우리는 여전히 자신만의 기준을 정해 놓고 그것에 적합하지 않으면 상대방을 훈계하려 들고, 그들이 과거에 저지른 행동에 자신이 얼만 상처받았는지 모여 주고 싶어 합니다. 분노를 쌓아가고, 사랑하는 사람이 잘못한 점만을 되새기며 자신의 감정에 매달립니다. 미래에 대한 그림과 어떻게 되어야 한다는 환상, 계획이나 기준으로부터 자유로워질 때, 사랑을 생명을 갖습니다. 사랑은 우리가 이끌려는 방향과 상관없이 자기가 가고자 하는 방향으로 움직입니다. 어차피 우리는 사랑을 조종하는 데 성공한 적이 한 번도 없었습니다. 그저 흐르는 대로 맡겨 두면, 사랑은 우리가 상상하지 않은 놀랍고 멋진 장소로 우리를 데려갈 것입니다."[119]

부모 자신들의 삶도 완벽하지 않은데 자녀의 삶을 사랑이라는 이름으로 구속하려는 것은 사랑이 아니에요.

"사랑을 정의 할 때, 환상 없이 사랑하는 법을 배워야만 합니다. 관계가 순수할 때, 그리고 다양한 경험들을 배움으로 받아들일 때, 우리의 관계는 결과적으로 자유롭게 참여하고 나누는 쪽으로 흐를 수 있습니다. 상대방을 바꾸려는 마음을 내려놓는 순간, 환상이 제거된 사랑의 힘을 느낄 수 있습니다. 계획을 짤 필요도 없어지고, 다투거나 서로 조종하고 통제할 필요도 없어집니다. '내가 통제해 주지 않으면…' 자신이 만든 규칙과 환상을 고집하는 한 진정으로 사랑할 수 없습니다. 그가 자신의 모습 그대로 살아가게 하십시오."[120]

자녀가 어른이 되면 부모님의 역할을 다르게 설정해야 합니다.

"우리는 평생 동안 여러 가지 역할을 맡습니다. 그러나 역할을 바꾸는 법은 알면서도 그것을 뒤돌아볼 줄은 모릅니다. 배우자, 부모, 직장상사, 좋은 사람, 반항아 들 표면적으로 맡게 되는 역할들이 반드시 나쁘다는 것은 아닙니다. 그것들은 어떤 상황에서는 꼭 필요한 역할 일 수도 있습니다. 다만 우리가 해야 할 일은 그것들 중에서 우리에게 맞는 역할과 그렇지 않은 것을 가려내는 일입니다. 그것은 마치 양파 껍질을 벗기는 것과 같습니다. 그리고 양파 껍질을 벗길 때는 어느 정도 눈물이 나는 것은 감수해야 합니다."[121]

#4

39살 딸, 이번 남자는 결혼 인연인가요?

◇◇◇◇◇◇◇◇◇◇◇◇◇◇

부모님들의 최대 관심사는 아무래도 자식들의 결혼 인연이다. 자식이 결혼해서 잘 살면 부모로서 마음이 한결 놓인다. 그러나 부모는 자식의 연애사를 시시콜콜 들을 수 없으므로 자연히 상대조건들을 따지게 된다. 그들이 다니고 있는 직장, 재물, 가정환경 등을 꼼꼼히 체크한다. 못 미더워 여러 상대를 견주어 보는 경우도 많다. 이런 이들에게 꼭 한 번 묻고 싶다. 모든 조건을 따져서 한 결혼은 무조건 행복할까? 또 자신이 선택한 배우자를 부모가 먼저 나서서 조건을 따지려 들 때, 자식은 얼마나 답답할까?

상담자 딸이 올해 39살. 예전부터 39살에 결혼이 가능하다는 말을 여러 군데서 들었습니다. 지금 네다섯 번 만난 42살 남자가 있는데 이 사람과 결혼 인연이 있나 싶어서 왔습니다.

선생님 딸이 올해 가을부터 결혼운이 강하게 움직이네요. 이럴 때 사람을 만나면 가능성이 커져요. 우선, 두 사람의 궁합을 여섯 가지로 살펴보니 그렇게 나쁜 궁합은 아니네요. 다만 남자 쪽은 결혼을 원하는데 여자 쪽에 사랑의 감정이 없어요.

상담자 남자가 딸에게 어머님에게 인사드리러 가자고 한대요. 그런데 딸이 주저된다면서 어떻게 하면 좋으냐고 고민하네요. 이럴 때 부모가 조언해 주면 좋지 않겠나 싶어서 물으러 왔습니다.

선생님 따님이 남자에 대한 호감은 조금 갖고 있는데, 무엇이 제일 주저된다고 하나요?

상담자 남자가 급식업체에 조리사로 근무하나 봐요. 지금은 회사소속으로 일하고 있다 하지만 요리사라는 직업이 안정적이지는 않은 직업이잖아요. 결국엔 자기 식당을 차리려 할 것이고, 식당이 잘된다는 보장도 없고, 하더라도 딸이 같이해야 하나 싶고, 그러다 보면 경제적으로 어려워질까 두렵답니다. 평범한 직장인이 아니라서 그 직업이 마음에 걸리나 봅니다.

선생님 그랬군요. 그런데 이 남자 입장에서는 자신의 사주팔자에서 요리사라는 직업을 선택한 것은 잘했네요. 업상대체(業象代替)라 해서 칼을 쓰거나 날카로움을 추구하는 직업이 잘 맞거든요. 그리고 앞으로 자신의 일을 선택할 운도 기다리고 있는 것 같습니다. 다행히 앞으로의 운은 좋아요. 지금은 별 볼 일 없어 보이지만 앞으로 운이 나아질 가능성을 많이 열어두고 있습니다. 성품도 괜찮아 보이고요.

상담자 딸이 보통은 남자를 서너 번 만나면 싫다 하는데 처음으로 이 남자에게는 조금 마음이 가나 봐요. 그래서 고민하는 것 같아요.

선생님 서로 결혼운이 있으니 잘 연결해 가면 결혼까지도 가능할 것 같습니다. 다만 두 사람 다 각자의 부부 그릇이 약한 것은 어쩔 수 없으니 노력해야 해요. 특히 딸의 변덕이 심할 것으로 예상되네요.

상담자 남자네 부모가 일찍 이혼해서 어머님이 자식들을 키웠나 봐요. 그러려면 그 어머님이 얼마나 강하겠어요. 그런데 그 남자의 형님은 멀리 시외에 가서 살고, 시누이가 자주 친정에 들락거리며 지내고, 이 남자는 어머님을 곁에서 모셔야 한다면서 같은 동네에 산다나 봐요. 그럼 내 딸이 결혼 후, 그 남자 집안의 어머니와 시누이랑 마찰이 있지 않을까요?

선생님 물론 그럴 가능성도 있겠지요. 그런데 따님 사주는 그 누구라도 시댁과는 원만하지 않을 겁니다. 따님이 굽히는 성품은 약하잖아요.

상담자 그렇긴 하죠. 그래도 결혼해서 시댁과 뚝 떨어져 살면 좀 덜할 텐데 조건이 영 맘에 걸려요. 시댁이 주렁주렁 걸리잖아요.

선생님 아휴! 직업이 맘에 안 들고 시댁과의 갈등이 두렵다면 이 남자와의 만남을 포기하면 되잖아요.

상담자 그게 나이가 39살이나 먹었는데 혹시 이 남자를 놓치면 다음에 이보다 더 못한 남자가 들어와 결혼이 안 될까 봐 그렇죠. 잠깐 다른 남자와 궁합을 봐주실래요?

선생님 누군데요?

상담자 이 남자 만나기 전에 두세 번 만난 남자인데 마음에 안 든다고 헤어졌어요. 제가 보기에 직장도 중견기업 정도에서 직장생활하고 시어머니는 형수가 모시고 있으니 걸리는 것도 없어서 조건이 좋아 보이는데, 다시 만나게 해야 하나 고민돼서요.

선생님 특별히 인연이 있어 보이지 않는 것 같고 한 번 헤어졌다는 것은 서로 마음에 들지 않았다는 뜻인데 굳이 다시 만나게 할 이유가 있을까요?

상담자 조건이 걸리는 것이 없어 좋아서요.

선생님 조건만 따진다면 어쩔 수 없다지만 두 남녀 사이에 사랑의 마음이 전혀 없어 보입니다.

상담자 그럼 다른 남자 하나 더 봐주실래요?

선생님 어떤 남자인데요?

상담자 직장생활하는 남자인데 만나게 하려니까 남자가 지금은 바쁘다고 그러고 더우니까 가을이나 돼서 생각해 보자고 한다고 하네요.

선생님 헉! 그런 무성의한 대답을 듣고도 궁합을 보고 싶으세요?

상담자 뭐 딸에게 도움이 된다면 기다릴 수 있죠.

선생님 이 남자는 자신이 너무 잘난 사람이고 굳이 결혼에 관심이 없어 보이는 사람이네요. 딸과 잘 어우러지는 사주도 아닙니다.

상담자 다른 곳에서 물어보니 상충살은 있지만 괜찮아질 수 있다 하더라고요.

선생님 상충살이건 뭐건 간에 남자가 결혼 마음이 없는 사주예요. 혼자 사는데 별 불편함을 느끼지 못하는 구조인데 뭐가 급하겠어요.

상담자 어딜 가도 내 딸이 올해는 결혼운이 있다하던데 정말 결혼할 수 있을까요? 몇 월에 만나는 사람이 좋은 사람일까요?

선생님 어머니. 물 좋고 정자 좋은 곳 없다 했습니다. 지금 만나는 사람이 따님의 마음을 조금이라도 연 사람이라면서요. 그런데 직장이 맘에 안 들고 주변 상황이 맘에 안 든다고 반대하시면 어떻게 결혼을 합니까? 이 조건 저 조건 다 맞는 사람이 과연 세상에 존재할까요?

상담자 우리가 뭐 대단한 조건을 바라는 것은 아니에요. 다른 곳에서는 이 남자가 성격이 보통이 아닐 거라면서 사주에 불이 많아서 결혼 후에 본성을 드러낼 거라 하던데 맞나요?

선생님 아휴! 지금 말씀하시는 것들이 다 충족되더라도 또 다른 부분이 마음에 안 들 거예요. 물론 사주에 불의 기운을 뜻하는 글자가 많기는 합니다만 충분히 그 기운을 써먹는 기운도 있어요. 앞으로 운이 그 강렬한 화의 기운을 제어하는 기운으로 가게 되어 아주 좋을 예정이에요. 인생 초반은 별 볼 일 없어 보이지만 앞으로의 운이 기대됩니다. 지금의 조건이 맘에 안 든다면 그냥 포기하게 하시면 좋겠어요.

상담자 혹시 이 남자 놓치고 결혼이 더 늦어질까 봐 그러죠.

선생님 따님 운이 결혼을 늦게 하거나 일찍 결혼하면 이별을 겪거나 주말부부를 할 확률이 높은 것은 사실이지만, 아무리 궁합이 좋아도 아무리 열렬히 사랑해서 결혼을 하더라도 자신들이 노력하지 않으면 요즘 같은 세상에는 이혼이 얼마든지 가능해요. 너무 조건에 얽매이지 말고 마음이 시키는 결혼을 할 수 있도록 조언해 주면 좋을 것 같아요.

상담자 그러다 혹시 어렵게 살면 어떡해요?

선생님 구더기 두려워 장 못 담그나요? 제가 결혼도 해 보고 이혼도 해 봤는데요. 결코 불행하다는 생각은 해 보지 않았습니다. 그냥 삶의 과정일 뿐이었어요. 어떤 상태에 있든 자신이 선택하고 그 선택을 책임지고 행복해지려 한다면 그 삶도 나쁘지 않았습니다. 39살 딸의 결혼에 아직도 이렇게 많은 조건이 걸린다면 그냥 혼자 살게 하는 것도 좋을 것 같아요. 결혼이 곧 행복의 열쇠도 아니잖아요.

상담자 남들 하는 결혼은 해야지요. 이왕이면 잘해야 하고요. 자식도 잘 낳고 잘 되어야지요. 또 오래오래 같이 잘 살아야지요. 금전적으로 고생도 안 해야지요. 시댁과 얽히지 않고 간단하게 살아야지요. 그렇게 생각하니까 자꾸 망설여져요. 부모 마음이 다 그렇지 않나요? 혹시 이번 남자 아니라도 또 다른 괜찮은 사람이 있으려나 싶고, 이번 남자 놓치면 이제 더 나은 남자는 안 오면 어쩌나 싶고요. 그러다 보니 지금까지 왔네요. 마냥 딸이 좋다는 사람이면 이런저런 고민을 안 할 텐데 저렇게 마음에 걸려 하니 어째야 좋을지 부모로서 어떤 조언을 해 줘야 좋을지 답답해요. 딸은 아직 결혼을 안 해 봤고 우리는 결혼을 해 봤으니 어떤 느낌이라는 것이 있잖아요.

선생님 제가 더 해드릴 말이 없네요. 앞으로도 따님의 결혼은 좀 더 생각해 봐야 할 것 같습니다.

◆ 운명을 살리는 사주 편지 ◆

자식의 결혼 인연이 걱정인 어머니에게.

딸의 사주를 보면 酉月(유월-양력 9월)에 태어난 丁火(정화)입니다. 남편을 나타내는 壬水(임수)는 첫째 기둥 위에 있고, 癸水(계수)는 넷째 기둥 위에 있어요. 남편의 기운이 섞여 있죠. 壬水 아래에는 辰土(진토) 자식 그릇이 있어요.

부부궁을 나타내는 丁火 아래에 卯木(묘목) 엄마가 있습니다. 부부가 있어야 할 안방에 남편이 앉아 있지 않고 엄마가 앉아 있는 모습이에요. 엄마에게 강하게 의지하게 될 가능성이 높거나 친정엄마의 입김이 결혼생활을 좌우하게 돼요. 남편 자리는 멀리 떨어져 있고 엄마와 같은 기둥 안에 있으니 친정엄마의 간섭이 심하거나 친정엄마를 모시고 살게 됩니다.

이런 사주 구조의 자식을 둔 부모는 누구라도 자식에게서 한 발 떨어지려 노력해야 해요. 안방은 남녀가 머무는 부부의 공간이지 어느 쪽 부모님이라도 그 공간을 침범해서는 안 됩니다. 부모라는 이유도 그럴 권한을 주지는 않아요.

칼 필레머 교수는 사회학자이며 인간생태학 분야의 최고 권위자입니다. 그의 책 〈내가 알고 있는 걸 당신도 알게 된다면〉에서 행복한 결혼생활을 위한 5가지 조언을 제시하고 있어요. 그의 책은 70세 이상의 노인세대 1,000명 이상이 살아온 경험에서 나온 행복한 결혼생활에 대한 지혜를 모두 묶었습니다.

첫 번째는 끌림보다는 공유를 선택하라고 조언합니다.

"여기서 눈여겨 볼 것은 '다툴 일도, 고민할 이유도 없었다.'는 대목이다. 흔히 사소한 문제로 다툰다고 말하지만 그 사소한 일들이라고 말하는 부분들 역시 근본적인 가치관을 반영한다. 따라서 다툼의 핵심적인 이유도 실은 가치관의 차이 때문이다. 가령, 아내가 비싼 골프채를 사거나 남편이 최신 전자제품에 욕심을 내는 것이 싸움의 핵심 쟁점이 아니다. 오히려 돈이 어떤 의미인지, 어떻게 사용해야 하는지, 가정경제와 개인의 욕망 가운데 어떤 것을 더 중요하게 생각하는지 같은 근본적인 생각이 핵심이다. 그러고 보면 가치관을 공유하는 것이야말로 다툼과 논쟁을 미리 방지할 수 있는 가장 근본적인 예방책인 셈이다."[122]

상대의 조건을 따지기 이전에 나와 가치관이 맞는지 상대는 어떤 가치관을 가지고 있는지 탐구해 보는 것이 먼저가 아닐까요.

삶은 현실이니까요.

나와 전혀 다른 가치관을 가지고 있는 사람은 우선은 끌릴지 모르지만 살면서 사사건건 부딪칠 확률이 높아요. 결혼생활을 하면서 배우자를 고쳐가면서 살아야지 하는 사람이 제일 어리석죠.

절대로 사람은 변하지 않습니다. 내 남자가, 내 여자가 변했으면 하는 부분이 있으면 그 관계를 다시 생각해 봐야 해요. 나도 변하기 힘이 드는데 어떻게 다른 사람이 변하리라고 생각할 수 있을까요.

두 번째는 평생친구를 찾으라고 합니다.

"편안하게 함께 시간을 보낼 수 있는 친구 같은 사람을 배우자로 선택하라고 충고한다. 배우자를 고를 때 사랑에 눈이 멀어 우정을 보지 못하면 안 된다고 조언한다. 심장이 두근거리던 사랑의 설렘도 어느 시점에 가면 사그라진다. 누구나 그러지 않기를 바람에도 불구하고 말이다. 바로 이 시점에서 경험의 렌즈가 빛을 발한다. 인생의 현자들은 결혼생활을 통해 처음 서로에게 끌리던 설렘과 온통 마음을 사로잡던 성적 욕망은 차츰 사그라지고 그만큼 중요한 것들, 혹은 그보다 더 중요한 것들이 생기기 시작하는 단계로 변화하는 과정을 겪어왔다. 진정한 사랑에 얼마나 푹 빠졌는지는 중요하지 않다. 그래서 그 다음은?"123

살아보면 매일 매일이 다람쥐 쳇바퀴 돌듯이 지극히 평범한 일상들로 채워지죠. 아침에 일어나서 직장에 가고 퇴근해서 집에 오고, 뭐 먹을 것인가 고민하는 뭐 그런 것들이 생활입니다.

"인생의 현자들의 관점에서 보면 반드시 친구와 결혼해야 한다. 그것도 가능한 가장 친한 친구와. 그들은 어떤 사람을 평생 친구로 삼을 것인지를 생각하고 그 안에서 잠재적인 배우자를 찾으라고 충고한다. 관계가 진지하게 발전하면 반드시 서로에게 물어보고 논의해야 할 것들이 있다. '만약 우리가 연인이 아니었다면 친구로 지냈을까?', '가슴 떨리던 열정이 사그라지고 무뎌지게 되었을 때도 우리를 함께 있도록 하는 것은 무엇일까?' 대답이 아이들이어서는 안 된다. 우정이 답이어야 한다. 우정이 없다면 결혼하지 마라. 이는 아주 단순한 답이다."[124]

세 번째는 나와 상대를 집중탐구 하라고 합니다.

"결혼을 50대 50 따위로 생각하지 마! 100퍼센트 아니, 110퍼센트라고 생각해야지. 100퍼센트라는 말은 객관적 수치가 아니라는 사실을 알아야 해. 결혼생활을 유지할 수 있는 유일한 방법은 두 사람 모두 상대에게 항상 100퍼센트를 주는 거야."[125]

주고받을 만큼만 주는 관계로는 결혼생활이 절대 유지될 수 없어요. 두 사람 모두 무조건적으로 줄 수 있을 때 좋은 결혼생활이 유지되는데 상대를 고르면서 벌써 상대 덕 보려는 생각부터 하는 것은 이미 그 결혼에 문제가 생긴 것입니다. 배우자를 고르는 데 계산하는 것이 아니라는 말이에요.

"결혼이란 말이지, 자로 잰 듯 딱 50 대 50으로 주고받는 게 아니야. 때론 90 대 10이 될 수도 있고 상황에 따라 그 반대가 될 수도 있지. 중요한 건 늘 많이 베풀어야 한다는 거야. 상대가 나와는 전혀 다른 삶을 살아온 사람이라는 점을 이해해야 해. 상대의 신발을 신었다고 생각해보는 거야. 그래야 평화로운 가정을 꾸릴 수 있어. '좋아 베푸는 거야, 그리고 베풀었으면 됐어.'하고 생각해야 해. 살다보니 알게 되더라고, 내가 베풀어야 할 때도 있고, 상대가 베풀어야 할 때도 있다는 사실을. 누가 무엇을 얼마큼 더 받았는지 계산하면 안 돼."[126]

결혼은 함께 한 팀이 되는 거예요. 전혀 다른 환경에서 자란 두 사람이 서로 협력하여 하나의 마차를 끌고 가는 두 마리의 말과 같아요. 서로 발을 맞추고 협력해야 만이 힘들지 않게 마차는 굴러갑니다.

"결혼에 관해 우리 애들에게 꼭 들려주고 싶은 보석 같은 이야기가 있어. 아침에 일어나서 '어떻게 하면 아내 혹은 남편의 하루를 더 행복하게 해줄 수 있을까?' 하고 생각하라는 거지. 그런 생각을 하려면 서로를 좀 더 지켜봐야 해. 아침에 일어나자마자 상대를 단 5분이라도 더 생각한다면 관계는 그야말로 크게 달라질 거야. 늘 서로에게 버팀목이 되어주고 한 배를 탄 사람들처럼 지내야 해. 그러면 남은 날들을 아주 잘 지낼 수 있지. 지금부터라도 당장 시작하는 거야. 아침에 일어나자마자 내 인생에서 가장 특별한 사람에게 해 줄 수 있는 일이 무엇이지 생각하는 일말이야."**127**

#5

자리 못 잡은 아들 걱정

◇◇◇◇◇◇◇◇◇◇◇◇◇◇

취업이 어려운 요즘이다. 그런데 취업에는 왕도가 없다. 취업을 준비하다가 장사를 시작하는 사람도 있고, 처음부터 창업하는 이들도 있다. 번번이 겪는 실패에 좌절감도 느낄 테고, 자존감도 떨어져 우울한 이들이 많다. 그런데 상담을 통해 지켜보니 재물을 쌓는 데는 여러 번의 실패와 성공을 거쳐야 단단한 재물이 되었다. 특히 40대 이전에 쌓은 부는 노후까지 제대로 지키기가 쉽지 않다. 젊어서는 실패를 두려워하지 말아야 한다. 슬퍼하는 젊은이들에게 말하고 싶다. 그대들은 아직 실패를 딛고 일어설 시간이 충분히 남아 있다.

상담자 아들이 도대체 뭘 해먹고 살지. 장가나 갈 수 있을지 걱정돼서 왔어요. 아들은 타투이스트예요. 작년에 타투 작업실을 오픈했어요. 가르치기도 하고 손님도 받는다면서.

선생님 사주에는 손기술이 뛰어나다고 나오네요. 그런데 뭔가를 시작하면 안 되는 운에 시작하셨어요.

상담자 저희는 가게 열면 당연히 손님도 오고 수강생도 들어 올 거라 믿었죠. 장사라는 것이 우리 가족에게는 처음이었습니다. 아들이 제가 봐도 손으로 하는 것은 뭐든지 잘해요. 그래서 우리가 가게 얻을 돈과 인테리어 비용을 댔습니다.

선생님 가게는 얼마짜리인가요?

상담자 보증금 1000만원 월세 100만원에 인테리어 비용이 2500만원 들었어요.

선생님 어휴!! 이 운에 100만원씩 월세 내기가 버거웠을 것 같아요.

상담자 그렇더라고요. 거기다가 타투가게는 우리나라에서 아직 불법이잖아요. 자꾸 경찰이 오는 겁니다. 결국 벌금만 수백만 원을 물어야 했어요.

선생님 월세 내기 버거우니 정리해야 할 것 같은데요. 그리고 아드님은 가게를 번듯하게 꾸미는 걸 좋아하죠?

상담자 네. 손재주가 있어서인지 이것저것 사들여서 무척 예쁘게 꾸몄어요. 그래서 인테리어 비용도 더 든 것 같아요.

선생님 아드님은 앞으로 그 점은 고쳐야 할 부분이에요. 보이는 것에 너무 에너지를 쏟는 경향이 있어요. 삶도 가게도 번듯하게 꾸미려 하지 말고 깨끗하고 소박하게 해야 해요.

상담자 지금 가게 내놓고 노역장에서 벌금과 과태료 대신 일하고 있어요. 인생을 실패한 것 같아요. 가게를 내놓고 나자 애들 아빠가 실망해서 아들이 실패했다고 매일 야단을 쳐요. 도대체 이 아들이 앞으로 먹고 살 수는 있으려나 싶어서 찾아왔네요.

선생님 보증금 1000만원은 돌려받았고 노역장에서 벌금만큼 일하고 있으니 곧 해결되겠네요. 결국엔 인테리어 비용과 그동안의 시간을 소비한 것뿐인데 부모님께서 이제 겨우 32살 아들 인생을 모두 실패한 것처럼 대하시면 그 아들이 어떻게 견딜까요? 겉은 강인하더라도 속으로는 소심하고 섬세한 감성을 가진 사람인데 마음의 상처가 얼마나 클까요? 38세 이후 일어설 운 있는 아들인데 너무 다그치지 않으셔도 될 것 같아요. 사주에 여자도 있고 자식도 있어서 결혼을 못 하진 않을 거예요.

상담자 그래요? 아들이 들었으면 좋아할 말이네요. 우리 부부는 32살이나 먹은 아들이 한 번 실패하고 나니까 세상이 무너지는 것 같아서 답답했어요. 다른 집 아들딸은 취직하고 결혼도 하는데 내 아들은 저렇게 앞가림도 안 되나 싶으니.

선생님 물론 제 앞길 척척 찾아가는 자식들도 있지만 늦게 자리 잡는 사람도 많아요. 젊어서 실패는 실패가 아니라 인생경험이 되어 오히려 삶에 도움을 주는 경우가 많죠. 지금 성공했다고 하는 사람들 중 많은 사람이 실패해 보지 않고 일어선 사람은 극히 적어요. 그런 사람은 뉴스나 책을 보면 주변에 쉽게 찾을 수 있잖아요. 그리고 자식이 실패했을 때 다독여 주고 다시 일어설 힘을 주어야 할 사람이 부모인데 오히려 부모가 아들을 실패자, 낙오자 취급하면 그 아들은 어디 가서 힘을 얻을까요? 부모님이 내 아들을 믿어 주셔야지 누가 믿어 줄까요?

상담자 그러네요. 우선에 가게 실패하고 손해 본 것이 실망스러워서 그것만 생각했네요. 아들이 여린 심성을 가졌다는 것을 잊었어요. 사촌

이 미국에서 장사하고 있는데 아들이 잠시 미국에 다녀오는 것은 어때요?

선생님 적극 권합니다. 먼 곳을 다녀오면 새로운 기운이 생기곤 하죠. 아들이 한 번 실패했다고 실망하지 마시고 그럴 수도 있지, 젊은데 뭐가 어때? 하시면서 아들의 등 좀 두드려 주세요. 제발요.

◆ 운명을 살리는 사주 편지 ◆

장사를 모르면서 자식을 지원해 준 부모님에게.

아들의 사주를 보면 巳月(사월-양력 5월)에 태어난 己土(기토)입니다. 자신의 아래에 기술을 뜻하는 식신 酉金(유금)을 가지고 있어요. 재물을 뜻하는 癸水(계수)가 巳火(사화) 위에 앉아 있죠. 기술을 이용한 재물이라는 의미예요.

30대 운은 火(화) 운으로 아직 때가 이릅니다. 40대, 50대 金(금)과 水(수) 운으로 흐르면 제법 큰 재물을 모을 수 있어요. 기술을 연마하며 때를 기다려야 하죠. 혹시 운이 좋아 설익은 채로 재물을 쥐었다면 잘난 체하며 그 재산을 지키지 못할 가능성이 높아요.

어려움도 겪고 실패도 해야 사람은 단단해집니다. 그때 들어오는 재물은 돌같이 단단해서 잘 흩어지지 않죠. 어려움과 실패는 젊을 때 겪을수록 삶에 유리해요. 앞으로 기대되는 아들의 사주예요.

장사꾼, 중소기업 CEO 임희성 사장이 들려주는 장사에 대한 이야기 〈계단 닦는 CEO〉라는 책이 도움을 줄 것입니다.

"솔직히 털어놓자면 장사꾼 속은 늘 시커멓게 탄다. 항상 속앓이를 한다. 오늘 장사가 잘되어 돈을 벌어도 내일 안 되어서 돈을 까먹기도 하니까. 나도 마찬가지였다. 손님들에게 아무리 마음을 다해도 티셔츠 한 장 팔기 힘들 때도 많았고, 앞서 말한 화재와 같이 생각지도 못한 불행이 닥치기도 했다. 일에 대한 자부심과 애정을 가지고 매달린 만큼 일이 틀어지면 속상하고 주저앉고만 싶어진다. 그런데 이게 바로 장사다. 장사가 잘되어 함박웃음 짓는 날은 1년에 열 손가락에 꼽을 정도다. 누군가 대박을 쳐서 기쁘면 다른 누군가는 쪽박을 차서 슬프다. 혼자만 만족하는 흐름은 없다. 인생사도 그렇지 않은가. 늘 평탄할 수만은 없다. 그래서 잘될 때는 잘되는구나. 안 될 때는 안 되는구나 하며 사실을 빨리 인정하고 다음 단계로 넘어가면 된다. '도대체 왜 안 되는 거야!' 하며 집착하게 되면 자신의 뜻대로 일이 되지 않을 때 마음이 꺾이고 불행해질 수밖에 없다."128

노력으로만 되지 않는 것이 장사지요. 매일 좋은 일만 있을 수 없어요. 특히 부모가 대 준 돈으로 장사를 시작하는 자식들은 간절함이 부족할 가능성이 높아요.

"모든 직업이 그러하듯이, 장사도 정말 아무나 하는 게 아니다. 고비를 넘길 줄 아는 뚝심이 있어야 한다. 장사를 하겠다는 사람들은 단지 돈을 많이 벌 수 있으리라는 기대감에 시작하는 경우가 있다. 하지만 꼭대기, 봉우리만 보면 안 된다. 밑바닥과 땅 밑까지도 볼 줄 알아야 한다. 성공 신화를 이룬 사람들에게 물으면 운이 좋아서라고 겸손하게 말한다. 운 90, 노력 10, 이것이 합해져 100이 됐다는 것이다. 그런데 노력이 10이라고 해서 결코 노력의 비중이 작다는 게 아니다. 90의 운과 맞먹는 무게의 노력인 것이다. 성공의 뒷면에는 엄청난 노력이 있다는 사실을 잊어서는 안 된다."129

사람들은 누구나 돈을 많이 벌고 성공하고 싶어 합니다. 특히 장사를 시작하는 사람들의 기대감은 취업하는 사람들보다 더 큽니다. 그런데 문제는 쉬운 길을 찾는다는 겁니다.

"성공하고 싶고 많은 돈을 벌고 싶다면 내가 속한 회사의 이름보다 내가 하는 일에 신경을 써야 한다. 내 업무에 관하여 다른 사람들보다 뛰어난 경쟁력을 갖추고 있는지를 점검하고, 실력을 키우기 위해 매일 노력해야 한다. 남대문 점원 시절부터 너무나 간절하게 돈을 많이 벌기를 원했던 나는 누구보다 물건을 잘 팔고 싶었다. 다른 가게의 선배 점원들이 일하는 것을 관찰하면서 점원이 갖춰야 할 경쟁력이 무엇인지 알려고 애썼다. 깨달은 것은 그대로 시행했다."130

장사를 할 땐 무엇보다 욕심과 불안감을 제어해야 해요. 자족해야 하죠.

"처음부터 큰돈을 벌려고 마음먹지 않는다면, 미래를 열어가기 위한 첫발을 떼는 것으로 생각한다면, 누구나 창업할 수 있다. 처음부터 큰마음을 먹고 덤비면 성이 차지 않아서 중간에 포기할 수 있다. 내 인건비만 벌 수 있는 일이면 뭐든 시작하면 된다."[131]

하지만 하는 일마다 잘되는 일이 있을까요? 이 세상에 태어난 사람치고 실패 없는 삶을 사는 사람이 있을까요?

"공들여 쌓은 노력이 아깝다고 매달리는 순간, 삶의 방향이 길을 잃을 수 있다. 버려야 한다는 생각이 든다면 그것이 마음이든, 막대한 돈이든, 피땀 어린 노력이든 미련 없이 버려야 한다. 그래야 발목 잡히지 않고 다음 단계로 넘어갈 수 있고, 다시 새로운 미래를 꿈꿀 수 있다."[132]

"모든 것을 정리한 후에 행각해 보니, 내가 쫓는 돈은 정말 허망한 것이었다. 돈을 쫓지 말고 돈이 나를 쫓게 해야 한다는 그 평범한 진리를 알지 못했다. 또한 나는 정말 무모했다."[133]

도전은 즐기되 과욕을 부리지 않도록 조심해야 해요. 부모들이 대 준 자금으로 자식들이 시작한 첫 장사는 실패할 확률이 높아요. 경험도 부족하고 전문성도 부족하죠. 더더욱 간절함이 부족하고요.

그러나 한두 번 실패했다고 인생이 끝난 것이 아닙니다. 실패가 거듭될수록 인생의 오답노트가 하나씩 쌓여갈 거예요.

"끝난 일에는 미련을 갖지 않는다. 본래 인생이란 평탄할 수만은 없다. 누군가가 대박을 치면 누군가는 쪽박을 찬다. 만족하는 일만 생기는 것도, 불만족하는 일만 생기는 것도 아니다. 기쁨을 맛볼 때가 있으면 슬픔을 맛보는 순간도 온다.

실패는 누구의 삶에도 도사리고 있다. 그것은 예기치 않는 순간에 찾아온다… 그럼에도 불구하고 다시 시작할 수 있었던 이유는, 실패라는 결과에 매달리지 않아서이다. 후회해도, 속상해도 이미 벌어진 일이 아닌가. 성공이든 실패든 매달릴 이유가 없다. 벌어진 일은 돌이킬 수 없고, 모든 일은 결국에는 흘러가고야 만다."134

상담 그 후

첫 번째 사례

상담자 선생님과 상담한 내용을 녹음해 갔었습니다. 집에서 네 번을 반복해 들었어요. 그중에 한 번은 고3 딸과 듣고 새벽 3시까지 얘기를 나누며 같이 울었습니다.

선생님 녹음한 줄은 몰랐네요. 다시 들으니 도움이 되었나요?

상담자 상담할 때는 듣고 이해하는데 집에 가면 까먹게 되니까 핸드폰에 녹음을 했어요. 우선 올해부터 돈이 들어 올 것이라는 말씀에 적극적으로 일자리 알아봐서 정수기코디 교육을 받기 시작했어요. 장기적으로는 제 장사를 해 볼까 해요.

선생님 잘 됐네요. 제 친구에 코디 하는 친구들이 있는데 열심히 잘하더라고요.

상담자 운을 부르는 여러 가지 방법도 알려주셔서 적극적으로 실천해 보고 있어요. 지금 보세요. 제가 입은 옷 색깔도 제 사주에 필요한 색깔로 입으려고 노력 중이에요.

선생님 잘 하셨네요. 생각이 바뀌면 행동이 바뀌고, 행동이 바뀌면 습관이 바뀌고, 습관이 바뀌면 운명도 바뀐대요. 운을 바꾸려고 적극적으로 생각하는 것만으로도 운명이 바뀔 거라고 믿어요.

상담자 이혼은 가능성이 있다 하셔서 고3 딸에게 말하고 상담 녹음한 것을 들려주었더니 딸이 자신의 수능이 끝날 때까지 기다려 달래요. 선생님께서 내년 1월에 가능성이 있다 하셔서 차분히 6개월 동안 이혼준비 하기로 했고요. 저도 직업을 찾아 혼자 살 방법을 찾고 수능이 끝나면 딸에게 살림하는 방법을 가르쳐야겠다고 생각했어요. 선생님과의 상담 후에 자신감도 생기고 마음이 편안해졌네요. 힘들고 답답할 때마다 녹음한 걸 들으려고 해요.

선생님 저와의 상담을 통해 힘을 얻으셨다니 다행이에요.

두 번째 사례

상담자 답답해서 전화했습니다.

선생님 어디 계세요?

상담자 제주도에요.

선생님 뭐가 그리 답답하세요.

상담자 재판을 시작은 해 봤는데 상대는 돈을 많이 들여서 제일 좋은 변호사를 쓴다 하고, 첫 공판기일이 7월 초인데 벌써 지치는 것 같네요.

선생님 억울해 하셨잖아요. 지고 이기고를 떠나서 해 보겠다고 시작하셨잖아요. 이제 시작인데 벌써 지친다는 표현을 하시네요.

상담자 과연 내가 가지고 있는 자료들로 내 억울함과 내 권리를 찾아올 수 있을지 의문이 들어요.

선생님 왜 작아지셨어요? 제가 아는 사장님은 진취적이고 반듯하고 미래를 내다보시고 당당하신 분이신데 갑자기 약한 말씀을 하시네요.

상담자 그렇죠? 제가 요즘에 점점 약해지는 것 같아요.

선생님 사장님은 두 발 전진하기 위해 한발 물러섰어요. 인생 2막을 준비하시는 중이고 나름 꿈과 비전을 향해 움직이시는 분이 겨우 1년 쉬셨다고 이렇게 약해지세요?

상담자 맞습니다. 먹고 쓸 만큼 있는데 집사람이 이제는 이리저리 준비하러 다니는 내게 잔소리를 시작하고 저도 뭔가 마음이 급해지고 있습니다.

선생님 쉬신 지 겨우 1년이에요. 제가 아는 사장님은 20년 동안 성실히 무에서 유를 만들어 오셨고 지금은 잠시 쉬어가는 구간입니다. 그 쉼도 2막을 위해 조사하고 배우고 준비해 오셨고요. 한 번 무에서 유를 만들어 본 사람은 두 번 세 번도 가능한 경험과 연륜이 있는데 뭐가 걱정이세요? 저는 잘 될 거라 믿는데 왜 사장님은 본인의 저력을 잊고 계세요? 약해지지 마시고 본래의 사장님 모습으로 돌아오세요.

상담자 오늘 전화 잘했네요. 답답하고 불안해하고 있었는데 나를 다시 깨워주네요. 고맙습니다.

선생님 걱정 마세요. 다시 뛸 수 있는 운이 있으시고 재판도 준비해 오신 것이 있으니 잘 해결될 것입니다. 힘내세요.

상담자 감사합니다. 정말 오늘 전화 잘한 것 같습니다. 마음이 많이 편해졌습니다.

오늘도 다행히 도움 되는 상담이었습니다. 사람들은 답답한 마음에 못 이겨 무작정 저에게 전화를 하거나 찾아오죠. 어떤 해답을 듣고자 하는 마음보다 막연히 답답한 마음을 어딘가에 말이라도 해야 할 것 같아서 그럴 것입니다. 그럴 때마다 사주는 공감을 하고 위로를 해 줘요. 인생고민을 풀어주죠.

제가 하는 사주 상담이 누군가에게 도움이 되는 일이길 바랍니다.

저와의 인생 상담이 누군가에게 용기와 힘을 주는 상담이길 언제나 기원합니다.

참고문헌

1. 하완, 〈하마터면 열심히 살 뻔 했다〉, 웅진지식하우스 20쪽

2. 고미숙, 〈조선에서 백수로 살기〉, 프런티어 42쪽

3. 하완, 〈하마터면 열심히 살 뻔 했다〉, 웅진지식하우스 68쪽

4. 하완, 〈하마터면 열심히 살 뻔 했다〉, 웅진지식하우스 22쪽

5. 우에마쓰 쓰토무, 〈꿈이 없다고 말하는 그대에게〉, 마일스톤 84~85쪽

6. 고미숙, 〈조선에서 백수로 살기〉, 프런티어 258쪽

7. 우에마쓰 쓰토무, 〈꿈이 없다고 말하는 그대에게〉, 마일스톤 191쪽

8. 김승호, 〈생각의 비밀〉, 황금사자 136~138쪽

9. 박지원 지음/김혈조 옮김, 〈열하일기3〉, 돌베개 352~353쪽

10. 고미숙, 〈돈의 달인, 호모 코뮤니타스〉, 북드라망 104~106쪽

11. 박지원 지음/김혈조 옮김, 〈열하일기3〉, 돌베개 353쪽

12. 고미숙, 〈돈의 달인, 호모 코뮤니타스〉, 북드라망 119쪽

13. 로버트 기요사키 · 샤론 레흐르 지음, 〈부자 아빠 가난한 아빠〉, 황금가지 207쪽

14. 정철진, 〈자본에 관한 불편한 진실〉, 아라크네 15~16쪽

15. 정철진, 〈자본에 관한 불편한 진실〉, 아라크네 34쪽

16. 한국은행 편집부, 〈일반인을 위한 한국은행의 알기 쉬운 경제이야기〉, 한국은행 228~229쪽

17. 김영기 외, 〈한발 앞서 내다보는 유망직업 미래지도〉, 일상과 이상 4쪽

18. 김영기 외, 〈한발 앞서 내다보는 유망직업 미래지도〉, 일상과 이상 7쪽

19. 김영기 외, 〈한발 앞서 내다보는 유망직업 미래지도〉, 일상과 이상 8쪽

20. 고명환, 〈책 읽고 매출의 신이 되다〉, 한국경제신문사(한경비피) 209쪽

21. 김미경, 〈언니의 독설〉, 21세기북스 334~335쪽

22. 존 암스트롱, 〈인생학교-돈〉, 쌤앤파커스, 98쪽

23. 하브 에커, 〈백만장자의 시크릿〉, 랜덤하우스코리아 201쪽

24. 김수영, 〈멈추지 마, 다시 꿈부터 써봐〉, 위즈덤하우스 195쪽

25. 김수영, 〈멈추지 마, 다시 꿈부터 써봐〉, 위즈덤하우스 196~197쪽

26. 김수영, 〈멈추지 마, 다시 꿈부터 써봐〉, 위즈덤하우스 198쪽

27. 김수영, 〈멈추지 마, 다시 꿈부터 써봐〉, 위즈덤하우스 180쪽

28. 김수영, 〈멈추지 마, 다시 꿈부터 써봐〉, 위즈덤하우스 48쪽

29. 김수영, 〈멈추지 마, 다시 꿈부터 써봐〉, 위즈덤하우스 39쪽

30. 알랭 드 보통, 〈왜 나는 너를 사랑하는가〉, 청미래 18쪽

31. 알랭 드 보통, 〈왜 나는 너를 사랑하는가〉, 청미래 23~24쪽

32. 알랭 드 보통, 〈왜 나는 너를 사랑하는가〉, 청미래 37쪽

33. 알랭 드 보통, 〈왜 나는 너를 사랑하는가〉, 청미래 202쪽

34. 알랭 드 보통, 〈왜 나는 너를 사랑하는가〉, 청미래 196쪽

35. 알랭 드 보통, 〈왜 나는 너를 사랑하는가〉, 청미래 204쪽

36. 알랭 드 보통, 〈왜 나는 너를 사랑하는가〉, 청미래 223쪽

37. 알랭 드 보통, 〈왜 나는 너를 사랑하는가〉, 청미래 224쪽

38. 알랭 드 보통, 〈왜 나는 너를 사랑하는가〉, 청미래 271쪽

39. 법륜 스님, 〈스님의 주례사〉, 휴(休) 155쪽

40. 장경동 목사, 〈결혼, 하면 괴롭고 안 하면 외롭고〉, 아라크네 169쪽

41. 장경동 목사, 〈결혼, 하면 괴롭고 안 하면 외롭고〉, 아라크네 100쪽

42. 법륜 스님, 〈스님의 주례사〉, 휴(休) 196쪽

43. 장경동 목사, 〈결혼, 하면 괴롭고 안 하면 외롭고〉, 아라크네 215쪽

44. 장경동 목사, 〈결혼, 하면 괴롭고 안 하면 외롭고〉, 아라크네 15쪽

45. 법륜 스님, 〈스님의 주례사〉, 휴(休) 23쪽

46. 알랭 드 보통, 〈낭만적 연애와 그 후의 일상〉, 은행나무 65쪽

47. 알랭 드 보통, 〈낭만적 연애와 그 후의 일상〉, 은행나무 205쪽

48. 알랭 드 보통, 〈낭만적 연애와 그 후의 일상〉, 은행나무 207쪽

49. 알랭 드 보통, 〈낭만적 연애와 그 후의 일상〉, 은행나무 234쪽

50. 알랭 드 보통, 〈낭만적 연애와 그 후의 일상〉, 은행나무 238쪽

51. 알랭 드 보통, 〈낭만적 연애와 그 후의 일상〉, 은행나무 242쪽

52. 알랭 드 보통, 〈낭만적 연애와 그 후의 일상〉, 은행나무 295쪽

53. 알랭 드 보통, 〈낭만적 연애와 그 후의 일상〉, 은행나무 294쪽

54. 츠지 히토나리 지음/양윤옥 옮김, 〈사랑을 주세요〉, 북하우스 78쪽

55. 귀스타브 플로베르 지음/박동혁 옮김, 〈보바리 부인〉, 하서 164쪽

56. 귀스타브 플로베르 지음/박동혁 옮김, 〈보바리 부인〉, 하서 166쪽

57. 츠지 히토나리 지음/양윤옥 옮김, 〈사랑을 주세요〉, 북하우스 86쪽

58. 귀스타브 플로베르 지음/박동혁 옮김, 〈보바리 부인〉, 하서 171쪽

59. 츠지 히토나리 지음/양윤옥 옮김, 〈사랑을 주세요〉, 북하우스 88쪽

60. 이기주, 〈언어의 온도〉, 말글터 56~57쪽

61. 알랭 드 보통, 〈우리는 사랑일까〉, 은행나무 341쪽

62. 이기주, 〈언어의 온도〉, 말글터 92~93쪽

63. 이기주, 〈언어의 온도〉, 말글터 94쪽

64. 이기주, 〈언어의 온도〉, 말글터 182쪽

65. 오타 도시마사 지음/송소영 옮김, 〈우리 남편, 육아빠가 될 수 있을까?〉, 사막여우 54쪽

66. 오타 도시마사 지음/송소영 옮김, 〈우리 남편, 육아빠가 될 수 있을까?〉, 사막여우 59쪽

67. 오타 도시마사 지음/송소영 옮김, 〈우리 남편, 육아빠가 될 수 있을까?〉, 사막여우 60쪽

68. 오타 도시마사 지음/송소영 옮김, 〈우리 남편, 육아빠가 될 수 있을까?〉, 사막여우 66~68쪽

69. 오타 도시마사 지음/송소영 옮김, 〈우리 남편, 육아빠가 될 수 있을까?〉, 사막여우 69쪽

70. 오타 도시마사 지음/송소영 옮김, 〈우리 남편, 육아빠가 될 수 있을까?〉, 사막여우 111쪽

71. 오타 도시마사 지음/송소영 옮김, 〈우리 남편, 육아빠가 될 수 있을까?〉, 사막여우 115쪽

72. 오타 도시마사 지음/송소영 옮김, 〈우리 남편, 육아빠가 될 수 있을까?〉, 사막여우 24~25쪽

73. 오타 도시마사 지음/송소영 옮김, 〈우리 남편, 육아빠가 될 수 있을까?〉, 사막여우 21쪽

74. 오타 도시마사 지음/송소영 옮김, 〈우리 남편, 육아빠가 될 수 있을까?〉, 사막여우 23쪽

75. 오타 도시마사 지음/송소영 옮김, 〈우리 남편, 육아빠가 될 수 있을까?〉, 사막여우 75~77쪽

76. 혜민, 〈고요할수록 밝아지는 것들〉, 수오서재 41쪽

77. 혜민, 〈완벽하지 않은 것들에 대한 사랑〉, 수오서재 30쪽

78. 혜민, 〈완벽하지 않은 것들에 대한 사랑〉, 수오서재 25쪽

79. 혜민, 〈완벽하지 않은 것들에 대한 사랑〉, 수오서재 43쪽

80. 혜민, 〈고요할수록 밝아지는 것들〉, 수오서재 19쪽

81. 혜민, 〈멈추면, 비로소 보이는 것들〉, 수오서재 22쪽

82. 혜민, 〈멈추면, 비로소 보이는 것들〉, 수오서재 28쪽

83. 혜민, 〈멈추면, 비로소 보이는 것들〉, 수오서재 40쪽

84. 톰 래스 · 짐 히터 지음/유영만 옮김, 〈무엇이 우리를 행복하게 하는가〉, 위너스북 7쪽

85. 톰 래스 · 짐 히터 지음/유영만 옮김, 〈무엇이 우리를 행복하게 하는가〉, 위너스북 8쪽

86. 이시형, 〈세로토닌하라!〉, 중앙북스 42~43쪽

87. 김수현, 〈나는 나로 살기로 했다〉, 마음의 숲 78~79쪽

88. 유시민, 〈어떻게 살 것인가〉, 생각의 길 139쪽

89. 톰 래스 · 짐 히터 지음/유영만 옮김, 〈무엇이 우리를 행복하게 하는가〉, 위너스북 10쪽

90. 톰 래스 · 짐 히터 지음/유영만 옮김, 〈무엇이 우리를 행복하게 하는가〉, 위너스북 11쪽

91. 김형경, 〈좋은 이별〉, 사람풍경 20쪽

92. 김형경, 〈좋은 이별〉, 사람풍경 20~21쪽

93. 김형경, 〈좋은 이별〉, 사람풍경 18~19쪽

94. 김형경, 〈좋은 이별〉, 사람풍경 23쪽

95. 김형경, 〈좋은 이별〉, 사람풍경 29쪽

96. 김형경, 〈좋은 이별〉, 사람풍경 37~38쪽

97. 기성준, 〈스마트폰 다이어트〉, 넥센미디어 14~15쪽

98. 크리스 라반 · 쥬디 윌리암스 지음/김문성 옮김, 〈심리학의 즐거움〉, 휘닉스미디어 143~144쪽

99. 기성준, 〈스마트폰 다이어트〉, 넥센미디어 24쪽

100. 크리스 라반 · 쥬디 윌리암스 지음/김문성 옮김, 〈심리학의 즐거움〉, 휘닉스미디어 147쪽

101. 크리스 라반 · 쥬디 윌리암스 지음/김문성 옮김, 〈심리학의 즐거움〉, 휘닉스미디어 148~149쪽

102. 기성준, 〈스마트폰 다이어트〉, 넥센미디어 13쪽

103. 정혜신, 〈당신이 옳다〉, 해냄 160쪽

104. 정혜신, 〈당신이 옳다〉, 해냄 161쪽

105. 정혜신, 〈당신이 옳다〉, 해냄 161쪽

106. 정혜신, 〈당신이 옳다〉, 해냄 163쪽

107. 정혜신, 〈당신이 옳다〉, 해냄 162쪽

108. 문요한, 〈관계를 읽는 시간〉, 더 퀘스트 40~41쪽

109. 문요한, 〈관계를 읽는 시간〉, 더 퀘스트 45쪽

110. 문요한, 〈관계를 읽는 시간〉, 더 퀘스트 48~49쪽

111. 문요한, 〈관계를 읽는 시간〉, 더 퀘스트 146쪽

112. 문요한, 〈관계를 읽는 시간〉, 더 퀘스트 147쪽

113. 선명, 〈다음 생엔 엄마의 엄마로 태어날게〉, 21세기북스 18~19쪽

114. 선명, 〈다음 생엔 엄마의 엄마로 태어날게〉, 21세기북스 26~27쪽

115. 선명, 〈다음 생엔 엄마의 엄마로 태어날게〉, 21세기북스 46~47쪽

116. 엘리자베스 퀴블러 로스 · 데이비드 케슬러 지음/류시화 옮김, 〈인생수업〉, 이레 41쪽

117. 엘리자베스 퀴블러 로스 · 데이비드 케슬러 지음/류시화 옮김, 〈인생수업〉, 이레 27쪽

118. 엘리자베스 퀴블러 로스 · 데이비드 케슬러 지음/류시화 옮김, 〈인생수업〉, 이레 47쪽

119. 엘리자베스 퀴블러 로스 · 데이비드 케슬러 지음/류시화 옮김, 〈인생수업〉, 이레 78쪽

120. 엘리자베스 퀴블러 로스 · 데이비드 케슬러 지음/류시화 옮김, 〈인생수업〉, 이레 77쪽

121. 엘리자베스 퀴블러 로스 · 데이비드 케슬러 지음/류시화 옮김, 〈인생수업〉, 이레 25쪽

122. 칼 필레머 지음/박여진 옮김, 〈내가 알고 있는 걸 당신도 알게 된다면〉, 토네이도 42쪽

123. 칼 필레머 지음/박여진 옮김, 〈내가 알고 있는 걸 당신도 알게 된다면〉, 토네이도 53쪽

124. 칼 필레머 지음/박여진 옮김, 〈내가 알고 있는 걸 당신도 알게 된다면〉, 토네이도 54~55쪽

125. 칼 필레머 지음/박여진 옮김, 〈내가 알고 있는 걸 당신도 알게 된다면〉, 토네이도 57쪽

126. 칼 필레머 지음/박여진 옮김, 〈내가 알고 있는 걸 당신도 알게 된다면〉, 토네이도 58쪽

127. 칼 필레머 지음/박여진 옮김, 〈내가 알고 있는 걸 당신도 알게 된다면〉, 토네이도 61~62쪽

128. 임희성, 〈계단을 닦는 CEO〉, 영인미디어 183~184쪽

129. 임희성, 〈계단을 닦는 CEO〉, 영인미디어 201~202쪽

130. 임희성, 〈계단을 닦는 CEO〉, 영인미디어 84쪽

131. 임희성, 〈계단을 닦는 CEO〉, 영인미디어 69쪽

132. 임희성, 〈계단을 닦는 CEO〉, 영인미디어 107쪽

133. 임희성, 〈계단을 닦는 CEO〉, 영인미디어 114쪽

134. 임희성, 〈계단을 닦는 CEO〉, 영인미디어 115쪽

김형경, 〈사람 풍경〉, 사람 풍경

에리히 프롬, 〈사랑의 기술〉, 문예출판사

이시형 박사, 〈위로〉, 생각 속의 집

임준범, 〈머니위닝게임〉, 리텍콘텐츠 출판사

사주로 못 풀어 낼 인생고민은 없다
돈, 섹스, 인연이 고민인 그대에게

초판 1쇄 발행 | 2019년 7월 15일

지은이 | **김희숙**
기획편집총괄 | **호혜정**
편집 | **김수하 이다현 김정빈**
기획 | **홍연서**
표지·본문 디자인 | **신미경**
교정·교열 | **호혜정 김수하**
홍보 마케팅 | **최미남 김태현**
펴낸곳 | **리텍 콘텐츠**
주소 | **서울시 용산구 원효로 153 원효빌딩 824호**
전화 | **02-2051-0311** 팩스 | **02-6280-0371**
이메일 | **ritec1@naver.com**
홈페이지 | **http://www.ritec.co.kr**
페이스북 | 블로그 | 카카오스토리채널 | **[책속의 처세]**
ISBN | **979-11-86151-23-5 (03190)**

· 이 도서의 국립중앙도서관 출판예정도서목록(CIP)은 서지정보유통지원시스템 홈페이지(http://seoji.nl.go.kr)와 국가자료종합목록 구축시스템(http://kolis-net.nl.go.kr)에서 이용하실 수 있습니다. (CIP제어번호 : CIP2019023602)